開運館 LK01

神準！一分鐘占卜書

賴易承 老師◎著

開運館　01

神準！一分鐘占卜書

作　　者：賴易承
文字整理：廖翊君
總 編 輯：林秀禎
編　　輯：黃威仁
出 版 者：英屬維京群島商高寶國際有限公司台灣分公司
Global Group Holdings, Ltd.
地　　址：台北市內湖區洲子街88號3樓
網　　址：gobooks.com.tw
電　　話：(02) 27992788
E-mail：readers@gobooks.com.tw（讀者服務部）
pr@gobooks.com.tw（公關諮詢部）
電　　傳：出版部（02）27990909　　行銷部（02）27993088
郵政劃撥：19394552
戶　　名：英屬維京群島商高寶國際有限公司台灣分公司
發　　行：希代多媒體書版股份有限公司/Printed in Taiwan
初版日期：2007 年 12 月

國家圖書館出版品預行編目資料

神準！一分鐘占卜書 / 賴易承著. -- 初版. -- 臺北市：
高寶國際出版：希代多媒體發行, 2007.12
面；　公分. --（開運館系列；1）

ISBN 978-986-185-127-3(平裝)

1. 易占

292.1　　96022179

・目　錄・

·目　錄·

自序

執業多年以來，對我來說，面對客人、替客人解決問題已經不是難事，反倒是要寫一篇「自序」時不曉得如何下手，不斷反覆思考要怎麼開頭才好。

我一直怕自己認真的個性會把此篇寫得太嚴肅，深恐讀者看這本書時也跟著我嚴肅起來。其實真的不用太緊張，寫這本書的我，也不過是借花獻佛，因為「卜卦」的歷史久遠，並非我獨創，我只是把卦裡的現象參照問題的重點，用最簡單的文字來做解讀而已。

其實不是我厲害，真正厲害的是發明八卦的祖師爺，我只不過是把「化繁為簡」的個性用在這裡，讓客人能夠藉由「卜卦」的動作，更清楚自己的問題在哪裡，進一步徹底解決問題。

至於為什麼會想要寫這本書？

答案很簡單，因為「不想被大家誤以為卜卦這門學問很艱深」。

就我接觸的客人裡，我發現很多人都會對「卜卦」存在著很不可親近的觀念，總覺得這門學問是非常艱深難學的，必須要由專業人士才能解答的。其實它沒有這麼神祕，端看你怎麼使用它。有了這本書，只要你自己運用得當，應該都能有一個滿意的答案。

寫一本簡單、實用的書，也是我原先的構想與目的，在這裡很謝謝高寶出版社當場試驗我占卜的功力後，讓我有動力寫這本書，也因為廖小姐巧妙的修飾，讓原本生澀、八股的答案頓時生動活潑起來。

最後，我衷心希望讀者能藉由此書而更了解、面對自己的問題，找出徹底解決問題的方法。「卜卦」的宗旨在於了解事情的真相，進而防範問題的發生或解決已發生的問題。

最後要感謝在命理學術的啟蒙老師及教導我占卜的林吉閔老師。

接下來，就請進入占卜世界吧……

占卜前，必看

占卜五大原則！

在占卜之前，「問對問題」是最重要的事情了，問題如果問得不對，或問了不該問的，答案也不一定準確喔！

問對問題，會很難嗎？

並不會，只要把握幾項原則就可以了。

原則一　別人的私事不能問

這個道理很簡單，占卜要占與自己有關的事情，至於別人的事情，當然要由別人來問囉！所以，就算你想問兄弟姊妹的事情也不行；替麻吉好友的感情狀況著急，也不能自行替他占卜，除非你的好友授權你占卜才行喔！

我經常會遇到未婚女性來問男友是否有負債？像這類的問題已經是對方的隱私了，是不能問的，妳只能問自己與男友的未來發展、相處情形，但不能窺探男友其他方面的事情喔！（不過最神奇的是，當妳占卜自己與男友的未來發展時，妳所介意的問題自然會出現在解答上。）

雖然別人的私事不能問，但如果是父母想問子女的事情，或是子女想問父母的事情，就不受此限制了，畢竟孩子跟父母之間有著最親的血緣關係，父母就算問子女的感情、事業、考試、健康等等，都沒問題。

原則二　一件事情不能問兩次

許多陷於感情問題的男女，經常會今天問一位命理老師，明天又問另一位命理老師，問的都是同樣的問題，但這樣子是會影響準確度的。

不管同樣的問題你問了幾次，都只能以第一次占卜所得到的答案為準。假如因為答案不如你意，就不斷占同一個問題，抱歉啦！你所求得的答案一定不準確。

此外，假如你設定的問題是有時間性的，比如「我這個月會不會遇到真命天子」，那麼在這個月內，也不可以重複占問，否則後來的答案很可能會跟前一個答案混淆喔！

當然，假如占卜時看見「以靜制動」之類的答案，那麼只要事情有新的變化，就可以再次占問了。

原則三　誠意不夠不要問

有些人還沒占卜，就先懷疑「這真的會準嗎？」，或是抱著隨便問問題，看看占卜準不準的心態等等，這些都會影響占卜的結果，倒不如不要問。

占卜時，你的誠意一定要夠，心存疑慮的人會喪失預知的能力；在占卜的過程中如果心存不敬，或以嬉笑玩弄、飲酒作樂等輕蔑的態度來占卜，都足以使答案與問題不符，那解出來的答案就更不具準確性了。

原則四　身分不對不能問

占卜非常講究「身分」。由於本書中的占卜法是古代賢人所創造的一個非常準確的方法，所以在占卜的時候也要尊重當時的風俗禮儀，尤其是身分。

舉個例子來說，如果你不是國師，就不能問國事。所以抱歉啦，你不能占卜下一任的總統是誰！

同樣的道理，公司的前途好不好，理當由老闆來問，至於老闆以下的職員，都不能問這個問題。但你可以變通一下，問問自己的工作運如何，就可以看出端倪了。

原則五　問題愈實際愈好

經常有嚮往婚姻的男女會問：「我什麼時候會結婚？」這種問題範圍太大、太籠統，占卜是看不出答案的。不妨將問題設定一個「時效性」，如「我在一月份會不會遇到真命天子」、「我今年會不會遇到真命天子」之類的問題，會比較看得出答案喔！

另外，最忌諱的一點是，絕不要因為你會占卜，就故意探人隱私作為自己的籌碼，更不能藉此來作為斂財騙色的工具，否則不蓋您，真的會有報應的！就算您不相信有報應這回事，也絕對不要嘗試，當作是我拜託您了。

最熱門的七大占卜項目

我從事命理業多年，發現前來占卜的人以感情、事業的問題最多，其他像運勢、財運、考試、健康、訴訟等問題也不少，因此我將這七項熱門占卜項目全寫在本書中，讓讀者朋友們只需要看這一本，就能得到解答。

比較特別的是，在感情的部分，除了有已婚人士與未婚人士的項目外，還分為男方、女方，增加占卜的準確性喔！

以下就最熱門的七大占卜項目來一一介紹：

關於運勢

不論是占卜哪一個項目，在看解答前，請先看運勢欄作為參考，再看解答，會更有感覺喔！

除了作為每一個占卜項目的運勢參考外，如果想占卜自己在某一段時間內的運勢，如「我今天的運勢如何」、「我本月的運勢如何」等等，也可以從運勢項目來得到解答。

如果問了某個問題後，運勢欄顯示的狀況是好的，個別項目的答案卻不好，這並非不準喔，而是代表你的運勢是不錯的，但因為你個人的心態或行為，造成某些狀況出現問題。所以讀者不必太過擔心，我在書中也都有寫到如何趨吉避凶啦！

關於感情婚姻

在感情婚姻的項目中，最值得一提的就是分為未婚及已婚，但由於現代社會較以前開放許多，經常有未婚生子或先有後婚的情形發生，像這樣的情況到底要算是未婚還是已婚呢？

答案是：**孩子若已經出生，並且冠上男方的姓氏，就算已婚**。

假如有一名女子愛上有婦之夫，並且為他生了孩子，孩子也跟了男方的姓，這名女子就算是已婚。在問感情婚姻的問題時，必須看已婚欄。

同樣的，假如有一位男性未婚有子，且孩子的姓氏是跟著他，那麼這位男性也視同結婚。

現代人感情較複雜，常有未婚生子後，男女雙方又另結新歡的情形，這時候要算已婚還是未婚呢？

答案是，假如當事人仍然糾纏不清，就算已婚；假如兩人確定分道揚鑣，可算未婚。

那麼離婚的男女呢？當然算未婚囉！

此外，基於「別人的私事不能問」，就算你懷疑另一半劈腿，也不能問「他（她）是否有別的愛人？」而是從自己的角度來問「我跟他（她）在一起好不好？」、「我跟他（她）的婚姻會出現什麼樣的狀況？」如果對方劈腿或變心，自然就會從解答中看出來。

關於事業工作

只要是與事業、工作有關的問題，都可以看事業工作項目，像創業、合夥、升遷、與同事間的相處等等。

的。

近年來，經常有身為員工的人來問：「我的公司會不會倒？」但這個問法是錯誤的。

為什麼？這就關係到身分問題了。

在公司中，權限愈大、職位愈高的人，可以問愈多的事情。像上面的問題就只有公司的老闆可以問，老闆以下的人都不能問，問了也不見得準。

那麼，假如有一位員工很擔心公司的前途時，難道就不能占卜了嗎？當然可以，只是問題要改成「我在公司的前途如何？」，這麼一來，若公司的經營真有問題，答案是會浮現的。

基於身分的道理，上司若對屬下有疑問，是可以占問的，但屬下不能過問上司的事情（假如屬下懷疑上司有挪用公款，也無法問）。無論如何，問的事情要以公事為主，不可問到私事。

又比如公司中有流言說某兩位同事感情曖昧，主管如果擔心業務受影響，能不能問呢？答案是不能，因為感情事件算是個人私事，假如主管真的擔心，不妨將問題改成「某某人近來的工作狀況會發生什麼問題？」同樣可以從答案中看到端倪。

合夥也算在工作事業的項目內，比較特別的是，如果某甲想知道跟某乙合夥的狀況時，可以占兩個問題，一個是「我跟某乙合夥好不好？」，第二個問題是「我跟某乙合夥會不會賺大錢？」，這麼一來，就能知道合夥時會出現什麼狀況，合夥的財運好壞也能看得出來。

關於財運

只要跟錢有關的，不管是好的、壞的，都可以看財運項目。

比如：「被倒會的錢，是否收得回來？」、「如何做才能讓債務盡早還清？」，其他像是「我最近的財務狀況如何？」的問題也可以。

另外一件非常重要的事情是，財運的項目以正財為主，至於偏財，假如是過年小賭怡情，想知道會不會贏，是可以問的；但如果是不法之財，如非法賭博，你占了也不會準。此外，近年來由於經濟不景氣，很多人都想靠樂透來發財，每天都有人會問：「我今天買樂透會不會中？」抱歉，這也是偏財的一種，不見得會準確喔！

關於考試

那麼，何時可以問考試呢？

只要是學生想問升學考試，不論是考前或放榜前，只要是還不知道考試的結果，都可以提問。

建議各位學子最好能在考試之前就占卜問題，因為這樣可以提前知道缺失何在，彌補不足之處。

另外，像是國中生的學測考試、高中生考大學、大學生考研究所，除了考生本人可以提問之外，考生的父母也可代為占問。如果是高普考或公司內部考試，已婚人士的配偶同樣可以代為提問。而代為占問的人在祝禱文中必須表明自己的身分以及與當事人的關係。

關於健康

當你感覺身體稍有不適，或者是精神不濟、容易疲累等等的現象，皆可占問，而提出的問題應該是「某某某自占身體的健康狀況，請求賜卦」或「某某某占問身體的哪個部位不適、未知病症為何？請求賜卦」。同樣的，若是代占者，必須與當事人有直系血親關係才行哦！如父子、母女、夫妻皆可相互代占，並且要在占卜的詞文中，表明自己的身分以及與當事人之關係為何。

關於訴訟

在訴訟的部分，不一定要進入法律程序才能問；想告人卻不知道會不會告贏，或者，已經被告而想知道狀況如何等等，都可以問。

訴訟項目的範圍很廣，從公司與公司間的爭端，到市井小民之間的糾紛都算在內，但基於身分道理，如要問公司的訴訟，只有老闆可以問。

此外，由於現代人自我觀念較強，離婚的比率跟著提高，如果想問離婚是否可以成功時，必須看「婚姻」；想爭取孩子的監護權時，則請看「訴訟」；想爭取贍養費時，一樣是看「訴訟」喔，可別看錯項目了。

現在，要開始占卜了⇩超簡單占卜法

一、訂好要問的問題。

二、專心想著你的問題

（假如你是一個無法專心的人，建議你唸祝禱文：拜請八卦　祖師爺、伏羲氏、文王、周公、孔子、王禪祖師等等聖賢及過路神明，今信者○○○，家住○○○，有○○○事未決，祈求降卦）

三、問好問題後，從六十四張牌之中抽出一張。

四、每一張牌都有一個卦名，上面註明頁數，請翻到書中同樣卦名及頁數的地方，就可以知道答案了。

值得一提的是，抽牌時，若有牌掉出來，那麼到底要看你抽出的那一支，或是掉出的那一支呢？就由占卜者你自己決定囉！

想知道更多⇩占卜到底準不準？

占卜到底準不準？根據我多年的占卜經驗發現，占卜的準確度，與問問題的人及占卜者有最直接的關係。

對於提問者來說，有誠意、問對問題是兩項最重要的事情。而對於占卜者來說，除了誠意不能少之外，經驗的多寡也會影響占卜的結果。

有些占卜者很可能會經由問卜者的眼神、臉色來判斷所要回答的問題，這樣的做法並不是根據卦象的表現來做解答，很容易產生偏差，因此是一種很不負責的態度，也會讓人們誤解了占卜。

所以，只要提問者和解答者都抱著誠意，並且問對問題，那麼，占卜的準確度的確還滿驚人的。

想知道更多⇩占卜的時效是多久？

很多人應該都想知道：占卜的答案到底可以維持多久？

這跟你的問題有著很大的關係喔！

一般人最喜歡問：「我想知道我最近的○○運如何？」

那麼，「最近」是代表多久呢？

答案是三個月，而且這三個月並非從提問開始算的三個月，而是從前一個月就開始計算，到下一個月底為止。

假如你的問題有設定期限，那麼占卜的時效性就以你設定的期限為主。像是有人問「我今天的工作運如何」，解答就只限今天有用；如果你問的是「這個月我會不會遇到真命天女」，解答的有效期限就是一個月囉。

再次提醒：一旦你設定了期限，在這段期間，就不能再問同樣的問題了喔！

占卜小站——占卜的方式

占卜的方式又稱為「起卦」。我們經常聽到米卦、龜卦、金錢卦等等，其實都是同一種卦，只是「起卦」的方式不同而已。

起卦的方式很多，像用竹籤和數字起卦，以及本書中以抽牌方式起卦。在古代，甚至有人以大自然的狀況來起卦（如觀察掉了幾片落葉）。

在這裡，我先介紹米卦、龜卦及金錢卦的起卦方式，供有興趣的讀者參考。

「米卦」的起卦方式是用一碗米為基礎，然後以兩指抓三次米粒。第一次的米粒數用來當成下卦三爻；第二次的米粒數用來當成上卦三爻；第三次的米粒數用來當成動爻。米，只是一種工具而已。

「龜卦」的方式是在龜殼裡面放三個銅錢，搖擺之後倒在桌面上，用銅錢的正反面來判斷陰陽。第一次搖出來的是下卦三爻，第二次再搖的就是上卦三爻，以此而成為一個起卦方式。

「金錢卦」的起卦方式同樣是用三個銅錢或硬幣，但是必須擲六次才能取得六個爻位，第一次擲的記錄為初爻，第二次擲的為二爻，依此類推至六爻齊全。三個銅錢皆是正面者記為陽爻，三個皆為反面者記為陰爻，二正一反的記為陽變陰是動爻，二反一正的記為陰變陽也是動爻。

占卜解答

乾宮八卦

1 乾為天

天者行健也，自強不息，乾者健也，乾也代表天之卦，也就是自然現象也象徵著宇宙萬物被包容於內，也意味著事物的成長須持之以恆，定會有所成就。

運勢

你的運勢很好喔，就像是日正當中、光芒閃耀，可以達到名利雙收、諸事吉祥的境界。但在得意的同時，也會有自信太過的現象，所以請記得，千萬不要驕傲放縱喔！因為全盛之期經常也是衰敗的開始，要小心物極必反、驕兵必敗。若是女性，請注意你的個性會顯得比較堅強剛毅，會有像男人一樣的不服輸心態，也容易展現出專橫、自我及固執的態度，這樣，身為女性的你會有放不開的責任感，老是把壓力放在自己身上，似乎不是一件好事喔！

感情婚姻

已婚男：雖說男人要保護女人，但你的大男人主義未免也太強了吧！是不是覺得自己該高高在上，隨時隨地可以隨心所欲呢？如果你是這樣的想法，那就大錯特錯了。夫妻雙方是站在同一條地平線，地位應該是相當的，不應有尊卑之分，否則雙方的距離容易愈拉愈遠。

已婚女：妳為家庭所做的努力及付出是很偉大的，千萬別為了得不到對方應有的回報及認同而氣餒。若感覺對先生有所不滿，不如反省自己的個性是否太烈了一些？建議妳不妨學習柔和，要不然雙方的個性都那麼剛強，炸彈很容易就會被點著了，玉石俱焚可是不被樂見的事。所以最好能做到雙方有良善的溝通，讓彼此了解所作所為全是為了這個家。

未婚男：你那自負的心態及自視甚高的態度，會讓別人感受到一副傲世群倫的模樣，這樣只會把還是單身的你推往金字塔的頂端，讓自己與人群的距離愈拉愈遠。即使對你有好感的對象都不敢恭維，甚至會敬而遠之，所以建議你在態度上表現得謙和恭順一點，與人的距離就會拉近了。

未婚女：妳總是表現出積極主動，喜歡掌握主導權，這種模式反而容易養成對方的優越感，進而讓自己處於險境而不自知，失去了主控權。建議身為女人的妳化主動為被動，凡事不要那麼在意表面的樣子，做一個聰明的女人才能真正享有戀愛的樂趣。

工作事業

就如同「運勢」項目所談到的一樣，你的工作事業已經到達一個巔峰的狀態，可能即將進入一個瓶頸。長期處於精神緊繃的你因而產生倦怠感，這時最好的做法是讓自己放個假，做一些適當的休息，順便調整一下未來的步伐，重新出發，你會發現有煥然一新的感覺。

財運

你對於錢財並不是很在意，就是因為這樣的態度，反而造成今日為財所困。有時候做人應該要面對現實、面對問題，面子問題其實沒有那麼嚴重，千萬別不好意思談論而誤事，人人都有可能為五斗米折腰，不是只有你才會遇到，所以這並不可恥，勇敢去面對它才能解決問題。

考試

你的成績已經算不錯了，只是你對自己的要求標準太高。如此辛勤追求，是不是值得呢？如果你認為這是勢在必行、一定要去完成的事，那請把自己當成一張白紙，重新出發、虛心應對，才有機會達到你想要的目標。

健康

近來你是否有頭痛、牙痛、口乾舌燥的現象呢？如果是，就應該多休養，那大多是操勞過度、心中煩悶、壓力過大所造成的。此外，也要留意你的腹腔，或許是火氣太旺盛，也可能是飲食方面過於燥熱而引起的胃腸不適。這個時候你可以改變飲食習慣，吃一些清淡的食物來做調理。

訴訟

你的問題已出現「公說公有理、婆說婆有理」的情形，即使上了法庭，法官都會覺得「清官難斷家務事」，如果硬要僵持不下，除了耗費時間及心力，還浪費金錢。這當中必定要有一方委屈一點，退一步海闊天空，採取和解的態度才能了事。

2 天風姤

姤者遇也，作邂逅之解。又乾卦在上，巽卦在下，天風行走之間，雲就很自然的毫無抗拒之力，兩者結合在一起就會有一種不期而遇的無奈與迷惑。

運勢

目前的運勢正呈現下滑狀態，甚至快到谷底了，你感覺到了嗎？在你身旁有很多小人，你到底知不知道？這些小人一直都在引誘你走入無底的深淵，讓你無法自拔，這時候再不醒悟就來不及了。請試著回想當初遠大的理想及抱負，才能走回原來的路。另外還要當心注意外在美色的誘惑，那很容易就讓你一無所有，把你打回原形。假如真的已經發生了，那麼也只好告訴自己：反正人一生下來就什麼都沒有，就當作學得一次經驗，重新來過。

感情婚姻

已婚男：你覺得很無奈，凡事無法自己做主，並認為對於一個男人來說，這種感覺有些可悲，再加上容易矛盾、優柔寡斷的個性，你很可能會毀了自己辛勤建立的家庭，這個時候如果你可以拿出男人該有的勇氣、果敢及決定權，你的家才有重拾溫暖的機會，否則很可能從此夫妻兩人相敬如「冰」。

已婚女：妳對這段婚姻已經非常不看好，求去的心也漸漸在形成。妳覺得自己總是委曲求全，認為當初的結合並不是那麼圓滿，但其實外界的誘惑才是妳想離去的最大原因。說來說去，主要的問題是妳覺得另一半沒做到對妳應有的重視及認同。建議妳多去看看對方的好，而不是只看妳不滿意的地方，妳就會發現，他其實是一個不差的男人。

未婚男：你是不是會覺得大家都不太了解你？其實在大家眼中所看到的你，是一個自以為是的男人，也因為這樣，你在談戀愛的時候比較吃虧，同性也會阻礙你的好機會；又或者會碰到一個強勢及有企圖心、占有欲的女性，導致自己覺得處處受制於人。其實，只要你可以融入群眾，跟大家打成一片，問題就會減少許多。

未婚女：妳的心目中是否已經有設定好的理想目標呢？如果已經有了，應該可以遇到不錯的對象；但是有一個問題妳自己必須先解決的，那就是自我內心難以捉摸的個性，如果沒有辦法做好適當的克制，很可能因為妳的反覆無常而前功盡棄喔！

工作事業

目前的工作型態對你來說，有一種無法發揮所長、綁手綁腳的感覺，總覺得處理事情的時候沒有那麼順暢，因此興起換工作的念頭，是不是這樣呢？或許是有小人從中做梗，但也建議你，如果有跳槽或轉換跑道的念頭，最好先緩一緩，因為現在的時機不對。同時也要反省一下自己當初進入這個職場的心態，是否只抱持著一個暫時棲身的想法而已。

財運

你最近應該被錢欺負得很嚴重吧！是否感嘆「正需要它的時候，偏偏它就讓你找不到」？嚴格說起來，你正追著錢跑，可是錢有四隻腳，你只有兩隻腳，就算你上氣不接下氣地追，還是追不到的。小心喔，你應該還會有花冤枉錢的機會，更要注意身邊的小人會來劫財，建議你收斂對錢財很隨性的態度，才有機會脫離現在的困境。

考試

這個考試並不是你喜愛的目標與方向，所以你根本就不夠專心與用功，有一點好像被逼的，因此你也是應付應付而已，成績不會太好。另外一個導致成績不理想的原因，是自信心不足、準備不夠充分，這或許跟經驗也有一點關係。

健康

生活作息不正常是引起身體疾病的最大主因，熬夜、喝酒容易傷肝，所以當聽到有人叫你「小心肝」的時候就應該要注意了。不要經常出入夜生活的公共場所，因為空氣品質差容易對肺造成影響。欲望太強也會有腎虧之虞，建議要從生活作息改變起，千萬不可過度操勞。

訴訟

這個官司大家都在表演相聲，看誰說得最精采。表面上來看，事實的真相並不明朗，其實各自心中有數，所以「以不變應萬變」是最佳之策，別急著找答案，等待時機或許是最好的解決方式。

3 天山遯

遯者引退之意，識時務者功成引退乃是明智之舉。君子見機而止於前進為保身養志之道，並非懦弱無為，等待惡劣之勢一過，當可有所作為。

運勢

人生的路程總有起起落落，雖然現在你的路程正是在走下坡的時候，但是別擔心，下坡比較不費力氣，而且可以很快就到了。記得千萬別衝太快，所以遇事不可操之過急，衝太快會來不及踩煞車，這正是所謂的欲速則不達。在這裡建議你，做人要當一個識時務的俊傑，「事不關己、切莫操心」，然後，讓所有的事情都順其自然發展，就能保你全身而退的機會。

感情婚姻

已婚男：目前的婚姻狀態對你相當不利，好像有處處受制於人的現象。你會不會覺得你的行為表現有一點比較懦弱，好像見不得光似的？這會讓你的另一半覺得你不夠可靠、沒有安全感，因此你們沒有辦法同心。建議你不妨去找那位令你感覺受制的對象談一談，化解心中的鬱卒。

已婚女：妳是否覺得另一半的行為表現有所不當，處理事情的步調不夠明確？是不是因為這些原因讓妳覺得沒有安全感？如果真的是這樣，妳有沒有想過該如何幫助或糾正他？偷偷告訴妳，男人都會愛面子也喜歡聽掌聲；漸漸在無形中把責任掛在他身上，你們的問題就解決了。

未婚男：占到這支卦，你心中應該已經有了中意的對象，但是這個對象周圍應該也有條件不錯的競爭者，你會不會因為這樣而感到不安、心生恐懼、裹足不前？不用怕，你的好處是占盡地利之便，也可以說是近水樓台，所以，只要你能好好把握機會，喜事應該不遠了。

未婚女：妳應該是已經有了設定好的理想對象，只不過身邊又另外出現一個想要追求妳的人，而且這兩個人各有各的好處，讓妳不知該如何選擇，造成妳現在的猶豫和困擾。給妳一個良心的建議，如果這兩個對象妳都覺得不錯，那妳就應該把眼光放遠一點，從長遠的角度來考量，就能選到一個好的歸宿。

工作事業

你看起來好像非常忙碌，像是無頭蒼蠅般到處亂撞，如果你有兼差的話，這很可能就是你忙的原因。建議你在兩者之中擇其一，然後靜待時機、順應時勢，應該會比較理想，千萬不要太過急躁，明哲保身才不致兩頭皆空。

財運

先給你一個衷心的建議，凡事莫要太強求，因為強求是得不到幸福的，更何況你目前的財務狀況不是那麼理想。時機的問題讓你覺得心中很急，急著想要快點賺到錢，但這時候你應該要讓自己的心平靜下來，天時有錯、地利不對、人和欠佳，所以最佳的辦法是「等」，忍一時氣保百年身。

考試

你目前的運勢晦暗、考運不佳，而且你把目標設得太高了，有一點遙不可及的現象，如果硬要去考試會名落孫山。建議你再仔細衡量一下，不要到時候覺得自己白費心機、白忙一場。

健康

心病還需心藥醫，如果你容易胸悶，感覺腹脹，氣會有一點喘不上來，消化跟排洩都不順暢，這都是因為操勞過度和鬱悶，對事物的不滿沒有地方可以渲洩所累積而成，火氣也會很大。

訴訟

抱歉啦，目前看起來，情況對你不利，因為你所提的理由不夠充分，無法讓法庭或別人認同。假如可以的話，退一步海闊天空，庭外和解應該是最好的辦法，而且要盡快。

4 天地否

否者阻滯之象，天在上地在下其氣不相交接，萬物有停頓的現象、陰陽有別閉塞不通。物有盛衰之時，極衰之地乃意指盛之初，極盛之時亦指衰已近也。

運勢

目前大環境與你無法互相融合，不能產生任何的幫助，讓你感覺滯礙難行——這正是你最需要去面對的地方。很多事情除了不順之外，更有解決不完的波折，而且處理得心不甘情不願，好像是被逼的一樣，還很容易碰到辛苦又多難的局面。看到這裡有沒有想哭的感覺?就本人的立場，我會先恭喜你，因為這是一個很難得讓自己休息的機會，所以現在的你應該要培養耐心，順便藉這機會充實自己，等待可以撥雲見日的時候就能重新出發了。

感情婚姻

已婚男：你是否覺得目前你們兩位相處的型態很不像一對夫妻，反而比較像夜間部同學？因為晚上才睡在一起，所以又叫做「同床異夢」。依照卦象上的顯示，陰陽反背互不對應，會有貌合神離的現象，現在該怎麼辦才好呢？如果你真的想改善兩人的關係，想把這段婚姻經營得很好，雙方便要能找到共同的興趣，培養兩人的默契，還要能坦誠相對、凡事開誠佈公，千萬不要隱瞞任何事，這樣才是長久之計。

已婚女：妳應該是一個自主性很高的女人，自我意識非常強烈，對待妳先生的模式就好像在管教小孩一樣，這樣很容易與他衝突，而且妳也比較不容易站在不同的立場去體諒對方，只會依照自己的標準要求對方，妳不覺得這樣比較專制嗎？妳可不可以降低標準，不要要求那麼多，規則也不需要訂得那麼死板，這樣就有機會改善夫妻間的關係。

未婚男：美好的人事物應該大家都會喜歡，可是你好像會很在意選擇對象的條件，這種執著的現象在你的戀愛路程上會是一個阻礙哦！如果你總是覺得戀愛不成功，原因在於你的個性比較軟弱，明明不是一個大男人，又要硬撐出一副強勢的模樣，長久下來會讓對方覺得格格不入、萌生離開的想法，所以說，做自己最重要。

未婚女：妳是一個會堅持己見的女人，但是這樣的情形會讓人家覺得妳很固執和自以為是，也會因為妳的堅持得不到別人的認同，所以在感情路上經常會有曇花一現的狀況。就某些立場來看，妳是一個尚算標準的好女人，可是現在的人好像對所謂的好女人沒什麼興趣，原因是太死板、太無趣，我這樣說，妳應該會懂吧！

工作事業

你要不要抬頭看一下，頭上有沒有一片烏雲？就你現在的工作現象來看，會覺得烏雲罩頂，搞得你凡事困難重重，前途沒有一點光亮，手邊處理事情的進度顯現停滯，看起來很不樂觀。勸你不要太心急，因為「吃緊弄破碗」，心急會讓你白忙一場，甚至賠了夫人又折兵，現在最好的辦法就是等待，雖然等待的時間很痛苦，但它是必經之路，因為烏雲總會有被風吹走的時候。

財運

你現在的財運還不算最差，應該還有一些能夠活用的錢，只是開源對目前的你應該算是難事，所以你現在要注意的是，尚有存餘的錢財要做最有效的使用，才不會在經濟上顯現窘迫的現象。

考試

你自己的成績好不好，我想你應該比誰都清楚，卦象上說你的才能不足、實力不夠，而且準備也不夠充分，如果你要硬闖，名落孫山的機會會比較高一些。

健康

目前你的身體有新陳代謝不佳、氣血循環不良造成阻滯的現象，所以你比較會頭昏腦脹、精神不濟，而且腹部也比較會有腫脹的感覺（排洩系統也會不順暢），這些多半是因為生活作息不正常。建議你調整作息時間、多做運動，就可以改善這些現象。

訴訟

依照卦象顯示，你目前所發生的爭端很難避免，而且敗訴的機率是比較明顯的，在過程中謹記千萬不可以強辭奪理。建議你兩個辦法：第一是以和為貴，第二是以柔克剛，善用這兩招相信會讓你有比較圓滿的結局。

5 風地觀

觀者看也，以心觀之，由內觀外，再置身其外，由外觀內。靜觀之象、高瞻遠矚，即可洞明所有事理，靜察即有收穫。

運勢

你是否感覺手邊的事情不盡理想，有漸漸走下坡的現象呢？假如你覺得一天不如一天，處理事情也有愈來愈困難的現象，建議不妨請教你的長輩，多多參考他們的意見，並且耐心等待，或許還有化險為夷的機會。

感情婚姻

已婚男：你是一個耳根比較軟的男人，內心不夠穩定，容易被其他外在的因素動搖，也容易受環境及旁人的影響而改變主意，很容易隨風擺動。在夫妻相處方面，雖然你們有共同的目標及理想，卻常因為執行的方式或表現的行為模式不同而產生衝突，建議你多與太太溝通，協調出共同認可的模式，千萬不可以各持己見。

已婚女：妳跟妳的先生在個性上都比較不穩，非常容易受到別人的影響，尤其是愛面子的妳，很喜歡與另一半搶領導地位，這會使先生覺得妳很強悍，甚至連溝通都不太願意了。建議妳：女人要有女人的樣子，贏了面子失了裡子，其實不見得比較好。

未婚男：表面上你似乎已經有了較固定的對象，實際上，你的內心不夠踏實，處於不安的狀態，也不知道在怕什麼？或許你希望周遭出現條件更好的對象，但這樣的做法有點像手裡拿著、嘴裡咬著、眼睛看著、心裡又想著，貪求的欲望太多，難怪你會不安定、不踏實。

未婚女：妳比較容易猶豫不決，作風上趨於保守；又愛又怕受傷害的感覺，很容易就讓妳舉棋不定。目前的妳應該有兩個對象，一個是妳比較喜歡的，可是感覺上距離妳比較遠，一個是比較喜歡妳的，就在妳身邊。妳是不是為了抉擇而傷透腦筋？這裡給妳一個良心的建議——婚前選妳所愛，婚後愛妳所選！

工作事業

目前的工作型態變化很大，又好像搖擺不定，這個時候不應該太過急進，因為外界環境變化不斷，狀況不是那麼明朗，最好的辦法就如同「運勢」所提的——就是「等」。等著看，看看事情到底怎麼樣變化，等到你能看清楚的時候再做決定，要不然很容易發生誤判哦。

財運

你會不會太重表面、喜歡當老大呢？愛用錢做面子、用錢交朋友的你，再多的錢也會留不住，會變成像過路財神一樣，來匆匆去匆匆，前手接錢後手空。如果你現在已經面臨拮据的狀況，那就恭喜你了，因為錢花完了你才有改變的機會，才願意為了五斗米而折腰，並體會到面子並非那麼的重要。

考試

你在準備目前的考試時，出現不夠穩定、太流於表面的情形，以致知識及內涵的深入程度不足。建議你努力努力再努力，加油加油再加油，可別吊車尾啊！

健康

你是否容易憂慮及焦慮，或過度操勞呢？這樣很容易會引起胃腸不適、食不知味、消化系統比較緩慢喔！幸好目前的你只是出現很初期的症狀而已，還不是很嚴重。建議你把心情放輕鬆，注意養生之道，你目前的現象就可以解除了。

訴訟

假如你想主動與對方談判，會出現證據不足、道理不足、甚至條件不足的情形。如果真的要訴訟，最好讓對方採取主動，這樣應該會對你比較有利。但最好的辦法是協調和解，這一來較能皆大歡喜。

6 山地剝

剝者落也，脫序之象，陰長而陽消，君子被逼於山頂岌岌可危，時運被陰象破滅，顯得衰敗。處境堪憂、危機四伏。

運勢

目前的你，正好面臨運勢低下，有家道中落的現象，你是不是鬱鬱寡歡，總覺得不得志，凡事多勞、辛苦又困難重重，而且錢財花費的速度相當快呢？千萬別為了面子及尊嚴死撐，你的問題就是太注重表面的浮華，忽略了內在的實質，面對現實才能真正解決問題啊。

感情婚姻

已婚男：你是個辛勤又勞苦的男人，可是大男人主義太重，會讓人家覺得你太自以為是，再加上你這一生都非常重面子，所以常常會有打腫臉充胖子的舉動，使你的另一半感覺你非常不切實際。如果你還想讓婚姻更美滿，不妨試試把心裡的話全對你的另一半說，千萬別有一絲絲的隱藏。

已婚女：妳的個性比較愛面子，這樣就很容易造成對方的壓力，把面子看得比錢還重要，也會使家庭的經濟狀況陷入困境。告訴妳，面子是吃不飽的，有錢才可以買麵包，千萬不要聽到人家說幾句恭維的話，或者給妳一些褒獎，妳就樂昏了頭。面對現實、看清真相，或許還能夠挽回妳婚姻的頹勢。

未婚男：看起來你比較被動，你的眼光也是滿高的，外表長得不漂亮的女生，你可能看不上眼。記得老人家都說「娶妻求賢淑」，不切實際的外在表相應該不需要太過注重，因為你很可能會被對方美麗的外衣所矇騙，也會讓自己陷入無底深淵、不可自拔。

未婚女：妳知道「自古紅顏多薄命」的下一句是什麼嗎？答案就是「由來俊男皆無情」，所以通常帥哥都不是很可靠，反而是那些長相不甚起眼的男人比較能夠長久相處，如果妳現在還年輕，儘管可以去試試，是不是「由來俊男皆無情」。

工作事業

運勢不好、運氣欠佳，如果你現在想要開創事業還不是時候，跳槽就更不用說了，原因是你所累積的實力、還有應該要廣結的人緣，都還不到最佳的狀態。所以你最好守住現狀，繼續在專業領域及人脈上多多用心，等待一個最佳的時機。

財運

看起來，你是為錢辛苦為錢忙，錢好像跟你有仇，你都已經那麼辛勞地追逐了，它又不太想跟著你，真的是搞得你焦頭爛額、不知所措。現在唯一的辦法是，看你能不能最有效地守住它，千萬別將目前僅有的錢財花費在不切實際的層面上，這樣或許對你尚有一點點的小幫助。

考試

「英雄無用武之地、有志難伸」是你目前的寫照。考試的運氣太差造成你事與願違，成績不如你想像中理想，即使你學富五車，有著滿腹的經綸，同樣會讓你覺得懊惱，所以我只能告訴你，下次再試試看吧。

健康

由於你目前的運氣較差，若有病症在身，必須要防止它有加重的現象，並請特別留意腹腔方面的病症，尤其是腸道問題，如小腸的消化系統、大腸的排泄系統、脾臟的功能輸送等等。建議你注意飲食狀況，不可太偏好某一方面的食物。如果你是男人，請想辦法降低你的欲望。

訴訟

這個官司應該屬於財務糾紛的機率最大，可是發球權又在對方手裡，使你好像無力抗衡。依照卦象看起來，目前你能採取的最好方式應該是和平解決，至少可以讓自己的損失減至最低。

7 火地晉

晉者進升之象。離火出於坤地之上，似陽光普照的現象，大地萬物欣欣向榮。萬事皆可如意的氣旺之象。

運勢

恭喜恭喜，目前的運勢會有高升及開明的好現象，就好像撥開雲霧見青天喔！不過你也別得意太早，還是有些事情你必須要注意，不要因為運勢好了就目空一切、過度自負。「滿招損、謙受益」乃是一句至理名言，遵守這個原則，才能維持好運勢，長長久久。

感情婚姻

已婚男：以婚姻來看，你們倆的結合可說是「天賜良緣」、「天作之合」。唯一美中不足的是，促成這件婚事的多半是雙方的長輩。或許你是礙於長輩的壓力，在毫無選擇的情況之下與對方結婚，既然婚都結了，太太也滿好的，你就別想太多了。假如覺得太太較不懂情趣，不妨由你來慢慢誘導，維持美滿的姻緣。

已婚女：做人不要太不知足，這個世界不會有十全十美的男人，雖然妳自認為條件不差，可是妳的先生也是經過家長的同意才能把妳娶到手，所以證明他的條件也不錯。如果妳可以換一個角度去看待婚姻，或許妳就不會有不滿現狀的感受。

未婚男：自負的男人多半比較容易變成單身的鑽石王老五，你知道其中的原因嗎？大多數是因為這些人自認為條件優越而眼高於頂，選擇對象時更要求完美。目前的你如果已經有了交往的對象，她的條件應該也不差，所以在這裡要奉勸你，做人不要好高騖遠，知足常樂才不會遺憾終身。

未婚女：妳應該會是人見人愛的女生，也許就因為這樣，妳在挑選對象時，難免會太過挑剔，妳對他要求的標準，會讓他覺得不合情理，所以不要把理想目標設得太高，自然就會有不錯的對象出現了，也要用同樣的態度，這段戀愛才能順利發展。

工作事業

升遷的機會大增，不過千萬別表現得太過明顯，有些動作是會讓人家眼紅的，所以不要弄巧成拙，以免得不償失。假如你現在有創業的構想，最好先做好應該要有的準備工作，才不至於到時候手忙腳亂。如果有人高薪挖角，跳槽的動作是不可行的，原因是挖角你的人可能是要你去背黑鍋。

財運

你現在的經濟狀況應該還算不錯，不過花錢如流水應該是你現在最大的問題。如果你繼續這樣下去，在不久的將來就會入不敷出，因此最好在每花一筆錢之前先想清楚，這樣的花費是不是生活上必需的支出。

考試

現在的你時來運轉、黃袍加身，憑藉著運氣的加持，應該就會有不錯的成績，如果可以再加上你自己本身的努力，金榜題名就指日可待。

健康

你的健康問題在上半身方面，應該屬於血管及筋絡的毛病居多，眼睛部位也比較會有乾、瘦的現象，這多半是因為勞累過度。在下半身方面，多屬於腸胃不適的現象，是因為生活步調太過緊張所引起的。

訴訟

這個官司到現在為止，是非黑白已經漸漸明朗了，這時候應該要把握機會採取速戰速決的方式最好，時間拖得太久對你反而不利。

8　火天大有

大有者寬容也，離火位居乾卦之上，有太陽高掛如日中天之勢，又陰居君之位顯其恩德廣澤天下，但亦表盛極必衰，忌居功自傲，勿目中無人應以誠待之。

運勢

你目前的運勢很好喔，做什麼都能心想事成，再加上你想做的事又都會有貴人即時出現、幫助你達成，有如虎添翼之效，現在的你一定感覺意氣風發、非常順遂。不過，開心之餘，也要建議你注意一下，凡事都不能太過，也不能以此自傲，雖然現在的運勢達到高峰，但切記「物極必反、盛極必衰」這個道理，處理一切事情時，還是要記得有謙恭的態度，才是長久之計哦。

感情婚姻

已婚男：在這裡必須先恭喜你有得力的另一半，你們的生活美滿、堪稱無憂，在大家的眼中，是人人稱羨的一對，基本上沒什麼太大的問題出現。只是，你的個性有時比較容易自以為是，也比較注重玩樂，這些都比較會有引小人上身的現象而自毀前程哦。

已婚女：假設用「郎才女貌」、「天造地設」來形容你們真是一點也不為過，是一對非常令人羨慕的伴侶唷。只是，現在的妳可能會覺得對他已經不用再講什麼甜言蜜語了，有時甚至一急起來，講出口的話會讓他感覺被「命令」，所以記得，女人一旦過於強勢，長久下來會造成他有極大的不滿與壓力，這樣下去是不太好的哦。下次要講出口的話先在腦中修飾過再說吧！

未婚男：如果你現在有女朋友的話，那就要說聲恭喜囉，你們的好事已經不遠了。若你目前沒有女朋友，也不用擔心，因為你的她已經在不遠處，最近應該就會出現。不過同時要告訴你，有自信不是一件壞事，但自信過了頭會讓對方的心理有壓力，進而產生畏懼，如果因為這樣而錯失良緣，你會不會氣到跺腳？

未婚女：不曉得有沒有人跟妳說過，妳什麼都好，但如果能再帶點微笑，那就更好了。或許妳常常在想，自己各方面條件都不差，為什麼就是少個人來愛？其實，想追求妳的人並不是沒有，但他們到現在還不敢採取行動的原因很簡單：除了妳臉上的表情少了點笑容，處事也太過刻板，讓他們有所顧忌。建議妳，在俐落的處事態度之餘，也多帶點微笑，表現多一點的生活情趣。

工作事業

目前的工作對你來說，都還算是你能操控及掌握的範圍內，而且可說得上得心應手。不過，如果你有擴展事業版圖的想法，勸你再緩緩，因為以現在來說，你的根基還不夠穩固，而現在也還不算是一個好時機，冒然行動對你來說只會造成一個易放難收的局面。希望你凡事考慮清楚再行動，以免日後造成太大的負擔。

財運

這支卦問財運就對了，現在的你財運亨通，求財這件事對你而言輕而易舉，錢財有如探囊取物，輕輕鬆鬆便可入袋。但你好像在荷包滿滿之餘忽略了身體發出的警告哦，雖然賺錢重要，可是沒有健康的身體也是不行的，凡事最好選擇中庸之道，錢夠用就好了，強求所得是不會幸福的。

考試

看來你已經摩拳擦掌，信心滿滿，要來迎接這場考試了，在這裡要恭喜你。如果你已經考完試，等著宣佈成績的時刻，那你現在可以準備慶祝了。假使你是準備中、即將要考試，那只要將你溫習的部分再重看一遍，安心迎接這次的考試吧，相信成績必定讓你滿意。

健康

你的病症大多數是因為操勞過度，忙於工作、忙於應酬，缺乏休養及妥善的照顧，這樣不正常的作息型態，很容易就會導致胃腸不適，會有胃脹氣、消化不良、吸收功能失調，吃東西好像食之無味。

訴訟

關於這件官司，你的贏面很大，勝訴的機率也很高，但在這裡提醒你，雖然你的證據足以讓你打贏這場官司，可是也不能太自傲。過於自信的態度會讓對方心生嫉妒，所以凡事還是低調點，不要太得理不饒人，以免種下難以善了的禍根。俗語說寧願得罪君子、也不得罪小人。

坤宮八卦

1 坤為地

坤者順也，坤為大地之母，有保守之象，靜中蘊含成長的動能。純陰之卦其性柔順，乃是承接陽剛之氣下降，陰陽交合滋生萬物。

運勢

不管你目前的狀況到底是如何，先跟你說聲恭喜，因為你遇到的問題並沒有想像中那麼困難，也不致無法解決。但還是要給個建議：在面對問題時，一定要保持平靜的心，以「不變應萬變」的態度去思考，並展現你最佳的包容心，凡事必定能迎刃而解。

感情婚姻

已婚男：對於你的朋友來說，你是個不可或缺的好朋友，「好說話」、「好相處」，凡是吃喝玩樂的事，絕對要算你一個，而重朋友的你，也總是將朋友擺在第一位。但男人終究不能只靠吃喝玩樂來過日子吧——尤其是已有家室的你。表面上看，你們夫妻現在的感情還算穩定，但如果繼續這樣下去的話，難保她不會有意見，所以建議你能多花一點時間在你的家庭或工作事業上，這樣才能保持圓滿。

已婚女：有句話說「每一個成功的男人背後，都會有一個偉大的女人」，這句話到了妳身上，可能會變成「成功的女人，就應該擋在男人的前面，承擔所有的一切」。雖然妳覺得自己的辛苦都是為了這個家，可是在妳什麼都做的同時，有沒有回頭看一下妳的男人，他似乎在妳身後等著妳的一句：「老公，這個我不會，你能不能幫幫我？」給妳良心的建議：要試著給妳家的男人有發揮的機會喔！

未婚男：咦？你怎麼到現在還在等？別傻了，「等久了就是你的」這句話並不適用在你身上哦。你喜歡的人明明就在身邊，既然喜歡人家就要表現得大方一點、主動一點，別老是一直試探對方，這招用久了，人家可是會把你歸類為花花公子，對你來說可真是得不償失——你還想再繼續等下去嗎？趕快採取攻勢吧！

未婚女：首先，給妳一個愛的鼓勵，因為在這年代還有像妳這種害羞又不敢主動追求幸福的女生實在少見囉！接下來要告訴妳，被動容易失去先機，喜歡一個人，主動去告訴他並沒有什麼不好，但記得不要一副人家非得跟妳在一起不可的樣子唷！萬一妳還是不敢主動表白，不如請妳的好友告訴他，也不失為一個好方法哦！

工作事業

你覺得自己是很努力、很務實的人嗎?目前這份工作事業對你而言風平浪靜、沒有高低起伏,也許你有滿腔抱負,但在這裡還是要跟你說,凡事是急不得的,不過也別灰心,只要你能秉持著努力不懈的心,當作紮穩腳跟,總有一天會有屬於你的一片天空。

財運

你的財運不好也不壞,想求財的你,目前沒什麼大起大落,只要記得凡事有耕耘必有收穫,你的努力必然會有成果。另外一定要提醒你的是,不要妄想一步登天,也不要妄想有什麼不勞而獲的好康會降臨,還是老老實實工作吧,這才是唯一不敗的道理。

考試

抱歉啦,考試的好運目前似乎尚未降臨到你的身上,但如果這場考試離現在還有一段時間,希望你不要因此放棄,還是要把該看的考試範圍看一遍,別只顧著練簽名,人生中的考試不是只有這一次,好好為下一次努力比較實在唷!

健康

你的身體問題多數屬於慢性疾病，以出現在腹部的不舒服為主，此外，脾臟及消化系統也會有氣血循環跟代謝不良的症狀，原因在於肝臟過於勞累。請問，你是不是太過勞心傷神、作息不正常呢？建議你，假如是你無法做主或不能決定的事情，就不要想太多了。

訴訟

以目前的狀況來說，對你有利的條件比較多，你有很大的信心能打贏這件官司喔！但給你一個良心的建議，雖然你的條件比較占優勢，但也不要把人逼絕，如果可以不要咄咄逼人，留給對方一條路走，不論對你或對方都算是一個好的結局。記得，以和為貴更能為自己創造美好的將來。

2 地雷復

復者復甦回春之象，此卦為五陰一陽，且陽居初爻，有衰極反盛之象，大地又回復充滿生機，生命本就是生生不息循環不已的。

運勢

嘿嘿！你是不是抱著很緊張的心情在翻著答案呢？也難怪你會有這麼大的不安。放心放心，頭上的烏雲已漸漸要離你而去，黎明前的那一段黑暗也快要過完了，曙光即將出現。前一陣子的衰事連連也即將慢慢有轉機了。看到這裡，有沒有比較放心呢？但在開心的同時也要提醒你，雖然好運即將來臨，但也不要太大意，現在千萬不可以有投機取巧及想要鬆懈的心態哦，只要你凡事照著規矩來，一切就會順利的。

感情婚姻

已婚男：兩人在一起難免都會有爭執，所以別懷疑，你的她就是如此少根筋，她沒有腳踏兩條船，也不是討厭你，只是個性比較「大而化之」。雖然這樣的個性比較容易引起麻煩，卻非有心如此，換一個角度看她，其實也很可愛。這時就麻煩比較細心的你先讓一步，必定能夠百年好合、白頭偕老哦。

已婚女：妳的他喜歡把朋友擺在第一位，這對妳來說當然不公平，加上一旦他所結交的朋友品德不好，更可能會替家裡找來不少麻煩。在這裡偷偷告訴妳一個改善的小撇步：「以其人之道還治其人之身」——既然他重朋友，就找個他信得過、妳也覺得能主持公道的朋友來規勸及引導他，慢慢地，他或許就能感受到你們對他的關懷唷！

未婚男：如果現在你已經有了女朋友，你是否感覺到她常常替你找麻煩，或者經常製造一些問題來困擾你？如果是，這就是你真命天女了。為什麼呢？有沒有聽過「不是冤家不聚頭」這句話？假如你沒有女朋友，就想想身邊誰最常請你幫忙，她應該對你比較有興趣，也應該是你的對象。

未婚女：如果妳尚未有男朋友，或是處於曖昧之中，那麼看看哪一位男性會經常請妳幫忙他做這個、做那個！這位男性擅於運用幫忙的藉口，製造出一個非常需要妳的理由，雖然這樣的方式會使妳產生困擾，不過有時候妳好像也是樂在其中，滿足於被人需求的成就感——如果妳身邊已經出現這樣的男性，他很可能就是妳未來的對象。

工作事業

現在，你的運勢正在開始好轉，不管是想要找工作或跳槽，還是有自己創業的念頭，甚至想要投資，都是個好時機唷。只是要小小提醒你一下，凡事不要太心急，慢慢來，記得要沉住氣才會有好結果。

財運

你的財運不錯，只不過經常會出現有了錢又花掉的情形。由於你對金錢的態度是有錢的時候胡亂揮霍，在毫無節制之下，經常出現不理智的消費行為，等到口袋空空的那一刻才驚覺沒錢，所以建議你改善一下花錢的習慣，一切就會不一樣了。

考試

最近，你的考運開始好轉了。對於即將要考試的你來說，實力雖然不錯，目前的考運也不差，但還是要告訴你，持續努力是一件非常重要的事哦，千萬別鬆懈了。

健康

你有便祕嗎？你的健康問題大多與消化系統不良有關，像是便祕或尿道結石。這些症狀發生的原因多半是生活過於緊張、壓力太大，建議你放鬆心情，生活的步調不要那麼緊湊，找一個情緒發洩的出口，就可以改善。

訴訟

現在官司纏身的你不用太擔心，俗話說危機就是轉機，雖然目前的狀況對你來說並不明朗，但最近應該會發現對自己有利的證據出現了。別太緊張，柳暗花明的時刻即將到來，好消息就在近期囉。

3 地澤臨

臨者督飭調護，沼澤位居大地之下，自古以來，人們依附水域而生、孕育人類的文化。又陰消而陽長，「兌」有喜悅之象，自然可以循序漸進而事事亨通。

運勢

如果你之前總覺得自己烏雲罩頂，現在你應該會感覺運勢好轉！沒錯，久違的幸運之神已經在跟你揮手囉。你可說是集「天時、地利、人和」這三個最重要的條件於一身，假設有什麼想法都可以付諸行動了。但切記做任何事都要適可而止，不可因為運勢當紅就得意忘形，鋒芒太露可是會招來禍端的唷。

感情婚姻

已婚男：這一段婚姻可說是天作之合，你可要好好把握，如果你們可以再培養共同的目標與理想，並且同心協力，自然可以創造一番天地。特別要提醒的是，一旦你們的感情變得更好，可能會引起別人的嫉妒，所以千萬不要被小人離間了感情，也不要為了一點點小事破壞了你們之間的和諧。

已婚女：女人通常喜歡東家長、西家短，表現出三姑六婆的樣子，別人說的關於你們家的男人如何如何，聽聽就好了，不要太在意，因為這些人說的都是來搞破壞的，他們總是表現出一副唯恐天下不亂的樣子，如果妳把這些話聽進去了，很可能對你們的婚姻造成傷害。

未婚男：看來，你的煩惱是多慮囉，其實你的對象已經悄悄出現，而且還是條件不錯的女生喔，只是你還不太確定（也可能是尚未感覺到）。雖然如此，也不必太著急，因為急躁很容易壞事。衷心地建議你：你還是坐著等她主動來跟你示好就可以了。

未婚女：妳是否發現妳欣賞的他也是其他女生心目中的理想對象？如果是，建議妳就要趕快主動出擊，否則很難搶得先機。真的，千萬不要再等了，喜歡就要趕快表現，不然到時妳只能哀聲嘆氣地說：「親愛的，別人的！」

工作事業

對於工作，你一直都是很努力的人，這樣的辛勤是不會白費的。現在，所有的努力即將看到成果，你也可以開始享受你先前耕耘的收成了。但在你享受的同時，先給你一個衷心的建議，很多人失敗並非不夠努力，而是在名利雙收的時候不懂得珍惜，所以切勿以此自滿，否則會有足以毀掉前程的可能性。

財運

最近你的運氣有慢慢好轉的跡象，對你的財運也有加分的效果，你的錢財應該有持續往上攀升的可能，這是值得高興的消息。你只要記得持之以恆，與以前一樣努力，要達成荷包滿滿的心願就並非難事喔。

考試

對於這次的考試，我只能告訴你，考試成績的優劣、成敗的關鍵都在於你自己，如果你抱著僥倖的心態，並沒有把注意力完全放在這次考試上，偶爾腦海裡還在想著玩樂的事，這樣肯定不會好成績的。所以從現在開始，暫時收起玩樂的心吧，把心思轉移到這次考試上，以你的資質，會有不錯的成績才對哦。

健康

現在的人多半缺乏正常的休養及正當的休閒活動，常會因為過於忙碌及緊張的情緒而影響生理狀態，在這裡提醒你多注意肝臟的保養，用正常的飲食習慣來照顧你的胃腸，別讓自己生活在壓力之下。

訴訟

目前看來，這起官司對你而言並沒有太大困擾，勝算是站在你這邊的。即使如此，我還是要建議你凡事以和為貴，不要因為利多而得寸進尺，也不可以因為太有自信而咄咄逼人。風水輪流轉，還是替自己留條後路比較好哦。

4　地天泰

泰者安泰之象，剛健居於內，柔順顯於外，則天地交而萬物通也，上下交而其志同也。

運勢

現在的你，各方面狀況都算是非常良好，稱得上順利，但以目前的情勢來看，請勿因為事事順心就得意忘形。在你打算做任何決定之前，或有什麼規畫的時候，還是請你三思，千萬不可任意妄為、恣意而行，「小心駛得萬年船」總是好的，凡事還是得謹慎一點，行事不可鋒芒太露，以免引來不必要的禍端。

感情婚姻

已婚男：你是否感覺歡樂時光並不長久，心中也因此覺得懊惱？請記得一句千古不變的道理「千金難買早知道」，事情既然已經發生，就要想辦法解決，懊惱是無法讓她原諒你的。趕快讓她了解你只是一時迷惘，太過於貪圖享樂，以後不會再沉淪其中，這樣或許還來得及挽救。

已婚女：妳的老公是一位受到眾多女性欣賞的男人，但他並非故意要博取女士們的欣賞，而是他本來就是這麼好的人，偏偏妳總把醋罈子打翻、經常生氣。傻女人，別因為一個嫉妒妳的人說的話而傷了夫妻的和氣。妳應該為自己感到開心，並且要換個角度想，要不是妳的眼光如此獨到，怎麼會嫁到一個人人稱羨的好老公呢？

未婚男：雖說每個人都喜歡美麗的東西，但這位先生，你現在要選擇的是女朋友而不是東西吧?!東西可以純欣賞，但你總不能對著只有漂亮外表的她一輩子吧？記得喔，花瓶只能當作擺飾，光有亮麗的外表是無法長久的。請務實一點，多多留意身邊有才華、有內涵的女生吧！

未婚女：恭喜妳，好桃花就快出現囉！現在的妳如果還沒有對象，近日好消息即將出現，而且這個對象有極大的可能性是妳未來的終身伴侶哦。不過在此提醒妳，妳的個性比較任性哦，做事情常常任意妄為，不顧他人感受，這樣在感情的路上會比較吃虧。

如果能夠改掉大小姐脾氣的話，要論及婚嫁的機率是會大大提升的。

工作事業

對於目前的你來說，無論在工作或事業上，都不會有太大的困擾，唯一可能困擾的就是選擇性太多了一點。你現在可能是在想，要繼續在原公司做下去呢？還是要換一家公司？或者是要自己出來創業？其實你也不必想太多，以你現在的運氣看來，怎麼樣的決定都是對你有利的，就照你最想要的那個方向去進行吧！

財運

你的財運並不差，如果你覺得錢不夠用，真正的問題是出在你對錢財的管理方式。你對錢的態度並不是很在乎，即使有錢也不懂得守。誠心建議你，千萬不要覺得錢財來得太容易就花在不必要的支出上，這樣會形成一種浪費的行為，就算你再會賺錢，到頭來還是一場空。

考試

好消息是，你金榜題名的機會很大；壞消息是，你常常會因為自信過頭而壞事。所以，對於即將要考試的你來說，我會以「驕兵必敗」這四個字來勉勵你，請千萬不要因為小小的成就而自滿，你應該要持續努力，這樣成功的喜悅就會常伴隨你的左右。

健康

你最近是不是感覺自己忙得不可開交，不論是工作、應酬還是玩樂，只要其中一項就夠你忙的？如果你的胃腸感到不舒服，消化系統好像有點不聽話，原因就在於你的飲食不當、生活作息不正常，只要稍微做一下改變，注意調養，應該就可以把這些症狀改善過來。

訴訟

這宗官司堪稱一片祥和。由於你勝訴的機率很高，對方很可能想以和解的方式收場，對你而言，無論選擇哪一個方向，結果都是不錯的。但還是老話一句「以和為貴」，寧願多一個朋友，也不要去塑造一個敵人。

5 雷天大壯

大壯者大志也，陽剛氣盛，震卦在乾卦之上有動盪之象，聲勢必會驚人有大過之態，凡事中庸，太過者反有所不及。

運勢

目前，你的運勢一直往上坡的方向前進，因為如此，所有人的目光焦點都集中在你身上！當然，對於身處在雲端、做什麼都很順利的你來說，要低調一點可能並非易事；只是，請你了解「物極必反」、「盛極轉衰」的道理。此刻也該是你學著如何收斂鋒芒的時候了，千萬不要因為一時的衝動而惹是生非，這可是會給未來種下禍端的。

感情婚姻

已婚男：「溝通」對你這個老是自以為是的大男人來說，可能只是「參考用」的名詞罷了，再加上你的個性又很固執，認為只要是你想的、你說的、你做的、你感覺的才對（什麼時候可以輪到別人以為?!）再這樣下去，你在婚姻這條路上遇到的問題，都是自己的個性造成的！奉勸你，兩個人的相處還是不能缺乏溝通，不要再忽略她的感受了。

已婚女：個性矛盾的妳，又開始在自尋煩惱了嗎？仔細回想一下，每一次發生不愉快的時候，雙方都有承擔問題的責任，不要老是一發生事情，就習慣性把責任及過錯都推給對方，長久下去，可會造成他的不滿哦。給妳一個良心的建議：唯有保持兩人良好的溝通及互相體諒的心，才是真正的解決之道。

未婚男：個性心高氣傲的你，在思想上也比較封建，你總是把條件的標準開得很好，自以為這樣的對象才能符合你的需求，到最後，你選到的只是大家都認為好的，但你不一定喜歡。要知道，快樂與痛苦都是你自己決定的，千萬別為自己創造後悔的空間。

未婚女：多金又帥氣的男人或許是每一位女性夢寐以求的對象，但此時的妳更容易被對方亮眼的外表蒙蔽，所以，請妳在選擇對象時，一定要睜大眼睛看清楚，除了外表，內涵也非常重要，千萬別因自己一時迷失而做出錯誤的決定，造成將來的後悔。

工作事業

每個人工作的目的不同，有的人是打發時間，有的人是為了成就感，對於現在的你來說，這份工作做得既辛苦又無奈，可是又不得不做，原因無他，全是為了五斗米不得不折腰。不過，既然不管怎樣都得做，希望你能換個角度想，「至少還有工作做嘛」，這樣或許會好一點吧！

財運

在財運方面，如果硬要說有，也是對的，但要說沒有，實際上你可掌握和控制的也不多，因為你的財運在表面上看起來很旺，會有賺錢的機會，但實際上，你賺的這些錢又會因為某些原因而花掉，正是所謂的「過路財神」。奉勸你，過去的就當作一場愉快的夢吧！人生還是要踏實一點比較好。

考試

考試時，最忌諱心浮氣躁，也最怕得失心很強。如果你現在滿腦子只是在擔心考不好、準備不足，或是害怕別人比你厲害，而無心準備這次的考試，那麼考試的成績或許就真的不理想了。現在你只要想著把這次考試當成一個經驗，不要太在意成績，或許就會有意外之喜喔！

健康

注意了！假如你感覺到有消化系統不良、腹部容易腫脹、食不下嚥的現象時，最好去醫院做個健康檢查。此外，總是覺得自己呼吸不順、或有心臟及心血管方面的疾病，也要留意急症突發的現象，要做好調養喔！

訴訟

如果沒錯的話，你目前這件官司應該是屬於財務糾紛，這次的官司對你而言，有利的條件比較少，結果當然也比較不利。在此給你一個建議：假如你能提出以和解的方式來解決這次訴訟，在心態上抱持一個花錢消災的想法，這或許不失為一個好辦法。

6 澤天夬

夬者決也，決斷之象去除之意，一陰凌駕五陽之上，雖氣勢已凝聚，有背水一戰之決心，但處理事情要有方，切忌分心，謹慎面對定能迎刃而解。

運勢

恭喜你喔，目前的運勢是有福也有祿，似乎什麼都不缺，前途看漲。儘管如此，仍然要提醒你，在好運連連的當頭，最忌諱毫無節制、貪圖享樂，忘情於聲色之中——看到這裡，你有沒有覺得該醒悟了，不可再沉淪下去呢？如果你願意的話，建議你為自己的前途，做一個正當而明確的抉擇吧。

感情婚姻

已婚男：你是不是感覺，跟太太之間的距離不再像以往那麼親近？你知不知道是什麼原因促成你們現在的狀況？說穿了，源頭來自於你。你有一點玩世不恭、大而化之的個性，久而久之讓另一半對你的信任感漸漸喪失了，容易形成雙方理想不同而意見分歧的情形。建議你調整一下生活態度，互相協調溝通，達到兩人之間的共識，應該就能化解危機。

已婚女：生活的品質及流行的品味是大家追求的指標，並沒有錯，可是如果太注重這些，很可能就會忽略掉家庭是兩人共同的責任。注意了，就算妳的另一半很有肩膀，妳也不可以把家庭的重擔、責任及壓力全推給他，否則夫妻二人的關係會漸行漸遠。請好好思考一下喔！

未婚男：你知不知道女人要的是什麼？像你這樣個性好逸惡勞，又喜歡貪一點小便宜的行為表現，如何能讓別人欣賞你？又如何能讓你喜歡的那個女性有安全感呢？假如你現在還無法看清自我，即時做改變，那麼在感情的路上，恐怕很難有穩定的發展。

未婚女：強求而來的幸福肯定不是真幸福，壓力之下的關係也無法讓你倆長長久久。若妳還只是希望追求那些華而不實、浮而不定的表面狀態，只怕到頭來會落得人財兩空，到時候，無論妳再後悔、搥胸頓足，都將於事無補。

工作事業

有一句話說「夕陽無限好，只是近黃昏」，在絢爛的光芒過後，隨即而來的應該是一段平淡而無奇的生活，這就是你很可能會遇到的寫照。給你一個衷心的建議，凡事宜守不宜攻、宜靜不宜動，使出你最大的力量維持目前的現狀，就不會有落日危機的險境。但如果遇到了，也要以平常心看待，太過激動反而傷身。

財運

你用錢的態度會不會太明目張膽了？小心喔，太過招搖可是會招人嫉妒的！目前你的財運雖然不差，但最忌得意忘形過了頭，也最忌錢財漏白遭人窺。建議你在使用金錢時，態度上最好保持低調，並且要安分守己，別讓人看了眼紅，否則很容易招惹小人對你的錢財打主意喔！

考試

以你的個性跟你的實力，你認為自己考上的機率有多大？在這裡我只能告訴你，成績不會太理想。為什麼？原因就是你也不太在乎這次的考試，而且在生活的習性上，你也比較注重玩樂和享受，所以考運之神當然也不會眷顧你。

健康

平常你的身體狀態應該很不錯，一旦有不舒服，則會以消化系統及排泄系統的毛病居多。請檢視生活作息是否有異常，萬一真的有健康上的問題，以目前的運勢來看是可以逢凶化吉的，不必太擔心。

訴訟

以目前的狀況來看，情勢似乎對你比較有利，雖然如此，你不要因此就產生得理不饒人的想法，這樣反而會把你帶入不利的境界。建議你保持一個和氣生財的態度，盡快解決、平息這件事才是最佳良策。

7 水天需

需者要也，有等待守候之象，「險在前剛健而不陷、其義不困窮矣。」雲未及雨、萬物期待，盼能雨霑大地。此卦有成功可期的意味，時機一到自然峰迴路轉。

運勢

照道理來講，你的運氣應該不差，有福可享才對，只是以目前的狀況來看，尚未到達一個最佳的時機，所以你應該還要繼續努力，最好也能趁此機會修身養性、充實自己，等待一個最佳的時機到來，自然就可大顯身手、鴻圖大展。

感情婚姻

已婚男：齊人之福應該是許多男人都想擁有的一種期待，就目前的社會型態來說，有這種想法也不能完全算是一種過錯，如果只是想想，那也就算了，千萬別把它付諸行動，否則很可能對你的婚姻造成無法彌補的傷害。回頭是岸吧！只要你願意耐心經營現在的婚姻，即使有什麼問題，最後都可以迎刃而解。

已婚女：妳的婚姻狀態似乎漸漸亮起紅燈，有點陷入危險。如果妳想挽回，那麼忍耐是妳目前最大的武器；假如妳想就此做個了結，這也無可厚非，不過我還是要提醒妳，妳先生的狀況可能是一時的迷惘，婚約是形式上的保障，最重要的還是妳的心。問問自己，願不願意跟這個男人繼續下去？如果願意的話，耐心等候與溝通應該是個不錯的方式。

未婚男：你的身邊應該會出現兩個不錯的對象，一個是表面上跟你比較相似，另一個則是比較能夠管得住你，以致現在的你變得不知如何選擇，陷入膠著。告訴你，再這樣拖下去也不是辦法，如果你可以聽聽長輩給你的建議，或許就可以找到比較適合你的答案。

未婚女：不論是妳欣賞的對象，或者妳已經有了男友，這些男人應該都有很好的異性緣。先別急著吃醋，建議妳在面對同性向妳的心上人示好時，表現要大方一點，盡量展現自己的優點，公平競爭會讓對方覺得妳比較識大體，千萬別急著追求答案，否則欲速則不達。

工作事業

你是否感覺自己的工作狀況有如陷入泥沼，萌生跳槽的念頭？如果你現在選擇跳槽，後果是讓人家留下話柄，訴說你的不是，甚至有為別人背黑鍋的情形產生。誠心建議你不宜妄為，最好先按兵不動，也請你勇敢面對現實、面對挑戰，解決當下的問題，突破瓶頸，才是最佳良策。

財運

說真的，你的運氣不算很差，只是因為機會尚未來臨，有點時運不濟的樣子，在經濟上的壓力也會比較大，所以勸你盡量避免不必要的支出與浪費，而且要盡力守住目前的狀況，耐心等候時機的來臨，千萬別賭氣強求，更別做出不應該做的求財行為。

考試

你的個性太過隨和，凡事都講求隨遇而安，這樣太隨性的後果，讓你找不到理想與目標，於是，想要達到希望的結果並不是很容易。建議你為自己的人生找一個正確的目標，最重要的是要能夠堅持下去。

健康

你的身體在長時間的情緒緊張及壓力下，久了也會反彈，大部分的問題會出現在消化及吸收功能的障礙，原因則是生活作息及飲食習慣不良，這需要比較長的時間來慢慢調養，為了自己的生理健康，請你多發揮一點耐性囉！

訴訟

目前，所有的條件與證據都不站在你這一方，就訴狀方面來看，也是對你比較不利。建議你趕快找一個和解的方式，盡快解決這件官司，速度太慢的話，你可能會有牢獄之災。

8　水地比

比者親和之象，水降大地滋養萬物。一陽入尊位統轄五陰，在位者勿有自視甚高及過分要求，應廣披親和力得四方之助為要。

運勢

你的運氣已經漸漸進入了「好運帶」，除了好運當頭外，後勢更是看好，讓你覺得事事順利，走路都有風。唯一要小心的是，千萬別因為得意忘形而得罪人，這樣可是會後患無窮的。建議你在走運時，待人處事的態度上更應該展現出無比的親和力，並且不要執意妄為，才能讓你大吉大利。

感情婚姻

已婚男：這應該是一段幸福而美滿的婚姻，有點像天賜良緣，好得讓別人產生嫉妒。如果你聽到外人對你們之間有任何的批評，先冷靜想想，這是不是真的？假如是，你當然得虛心接受。如果事情不是別人說的那樣，你大可以不必太在意，否則因此自毀前程，那就真的無言以對了。

已婚女：妳是否發現先生是個耳根比較軟的男人？沒錯，他的確比較容易聽信別人說的話，也比較容易被人牽著走，所以妳千萬不要因為他一時的迷惑就責怪他。在這裡要告訴妳兩句古話，「路遙知馬力，日久見人心」，耐心等候事實的真相，你們的問題就能撥雲見日，倘若一時賭氣就放棄這段姻緣，將來後悔就來不及了。

未婚男：你所追求的對象，就各方面的條件來說都算不錯，所以她可能也是別人欣賞及追求的對象。雖然如此，你也不用太緊張，因為你所占的優勢比情敵要有利得多。儘管她身旁的蒼蠅、蚊子都不是你的對手，但你也不可太大意，趕快趁此機會好好把握，能不能成就一段好姻緣就看你了。

未婚女：雖然追求妳的人不少，但是妳鍾意的那個人身邊也會出現對妳產生威脅的競爭者，建議現在妳最好趕快下定決心，選擇一個可以跟妳共度一生的伴侶，並且勇往直前，千萬不可以扭捏做態，也不要讓他感覺妳在「釣」他，這樣反而會讓他對妳心生厭惡。

工作事業

你是一個專注於工作的人，大家給你的評語也不錯，偏偏最近你的身邊出現了不少的誘惑，讓你感覺有一點心動，不曉得要不要答應？以我的立場來看，還是想提醒你，身為一個人要腳踏實地，走起路來才會比較安穩。如果你想一步登天，萬一步伐沒有踩好，摔下來的後果可不是普通人能夠承受的。

財運

就目前來說，你雖然有財運，卻不屬於正財，而且這種財來得太容易也來得太快，很像是中大獎或中樂透。萬一很幸運的你中了大獎，切記一定要有節制，而且要盡量低調，否則這種財運來得快、去得快，你會像做了一場夢一樣，只剩空歡喜的下場。

考試

目前的考試運不錯，加上你也滿認真的，想要金榜題名、名利雙收也應該不是難事，可是也別因為這樣而高興得太早，如果你還沒有去考試，那你還是要繼續努力，想要慶祝也得等你考完試再說。

健康

健康的問題似乎已經困擾你很久了，由於你的火氣會比較大，所以不舒服的情形最容易發生在腹腔。另一個造成肝火旺盛的原因，多半是起源於飲食不當或飲食過量，這樣的現象容易造成胃腸的負擔比較大，也會讓你的消化系統失去正常工作的能力。

訴訟

對於這一件官司或這一次的爭端來看，如果你採取的態度很強勢，那麼未來可能產生不利於你的效應，你可千萬別給自己種下禍根啊！如果你願意的話，嘗試用柔和的態度來解決問題，應該可以創造出雙贏的局面。

坎宮八卦

1　坎為水

坎者陷落也，艱難之象，內外卦皆為一陽困於二陰之間，必為險象叢生，上下皆虛而內中實，內心之憂可想而知，若能視之以常，雖一時之不快，當能有所解矣。

運勢

從運勢來看，你目前似乎處於低潮的時刻，做任何事都會有不順利、處處受限的感覺。但不用太灰心，因為人生的起伏本來就會高高低低，也有物極必反的情形，只要把現在當作休息狀態，凡事不要太強求，遇事不要與他人做無謂之爭，不久的將來，自然會有撥雲見日的一天。

感情婚姻

已婚男：你的心中一定有很多不平與納悶：為什麼在朋友的眼中，你是個重情重義的好兄弟，她卻無法了解你？不可諱言的，你確實是個值得大家豎起大拇指說讚的好朋友，可是你有沒有想過，在你顧著處理朋友、兄弟的事情時，是否也替家庭帶來一些不必要的麻煩？又有誰可以來處理你的家事呢？朋友固然重要，家庭更不能忽略。試著與她溝通一下你們彼此的理念，並調整一下相處模式吧！

已婚女：妳似乎習慣性把問題想得很嚴重，又因為自己的矛盾個性與猶豫不決的行事作風，常常把事情「化簡為繁」，也會往悲觀的方向想。其實事情並沒有妳想像中的那麼難以解決，況且妳也不用老是想自己解決啊！別忘了妳還有個枕邊人，試著與他商量問題，參考他的建議，或許他會給妳不同的新觀點哦！

未婚男：沒有人是天生什麼都會的，不過如果你真的什麼都不會，又什麼都不學，不懂得學習自我成長，只會自怨自艾說自己不如人，才會沒有人來愛，那麼，你就真的只能玩「暗戀」這招了。建議你試著發現自己的優點，發揮所長，讓她發現「認真的男人最帥」！

未婚女：妳似乎很容易跟男性朋友稱兄道弟，但遇到心儀的人時，妳也會有「他到底是喜歡我，還是只是把我當朋友」的疑惑？說真的，雖然妳的異性朋友還不少，但因妳的個性較男性化，異性朋友都快要把妳當成同性的哥兒們。如果妳能讓自己舉止言談像個女孩子，或許妳的對象很快就會出現囉！

工作事業

你是否感覺工作上遇到瓶頸，而且還是個會讓你進退兩難的局面？別難過，因為這只是剛開始而已，接下來你還會受到周遭小人的逼迫，讓你感到非常委屈而想要離開。但依照你目前的狀況來說，衝動辭職的念頭並不適合，如果因為一時賭氣而萌生了想要跳槽的想法，奉勸你還是要三思，不然極有可能找不到新工作而落得兩頭空的局面。

財運

抱歉啦，雖然你很想要財神爺趕快來，但花錢如水的你最近不但沒有好財運，還要謹慎用錢、量入為出，不能做無謂的花費。記得，打腫臉充胖子的下場會讓自己的內傷更嚴重，為了面子失了裡子的日子，更是不好過；並且切記，不要因為一時衝動而逞口舌之快，小心惹禍上身。

考試

關於此次的考試，請有心理準備，成績或許不會太好。因為你真的現在運氣不好，所以不要太在意這次考試的結果了，不然只會造成自己更大的壓力，還是把心思放在下一次的考試比較實在。

健康

近來，你的生活作息是否不太正常，就連飲食習慣也不良？在你的腹腔，尤其是胃腸的消化系統、脾臟的養分輸送功能都有缺陷，造成你的排泄並不理想，如果你想要身體健康，唯一的法則就是養成良好的生活習慣，再加上適當的運動，以免身體狀況愈來愈糟。

訴訟

對於這宗官司，你似乎覺得自己的立場站得住腳，但因為目前的情形對你相當不利，所以即使有理，你也未必一定能贏。請你相信我，不要硬槓賭這一口氣。現在最好的辦法就是採取退讓、忍氣吞聲的方式，就算覺得委屈，也要用低姿態去迎合一下對方，這樣才能化解困境。

2 水澤節

節者制也止也，坎居上澤在下有如以池納水，水能載舟亦能覆舟，當視使用者能否不逾尺度，故為制故為止。

運勢

在這個世界上，有才華的人不一定會被人發掘，就像千里馬一樣，還是要遇到伯樂，才能有發展長才的機會。在伯樂還未出現之前，你要做的就是學習做人處事的道理，不要自認為才華洋溢，就過度膨脹自己。凡事還是要量力而為，不要操之過急，不然會令自己陷入危險哦。

感情婚姻

已婚男：夫妻之間的相處，除了互信、互諒，也要有適度的包容，雖然說老婆是娶來疼的沒錯，但凡事也應該有個節制及限度。你們的問題並非你不斷對她讓步或寵溺就可以解決的，這只會讓你們的戰火愈燒愈旺，對你來說還可能是一種引火自焚。過於寵溺與放縱只會得到反效果，請你三思。

已婚女：請先平心靜氣想一下，每當你們之間產生問題的時候，妳的反應是什麼？如果妳站在他的立場，這樣的反應會不會讓他覺得壓力過大？是否也該試著放手讓他自己去做些決定？給妳良心的建議，習慣指揮的妳，反而會讓先生覺得做起事來礙手礙腳，甚至會不曉得該如何下手才好。家庭內的問題應該兩人共同去分擔，別再只是把責任攬在自己身上。

未婚男：你要追求的對象並非不喜歡你，只是要追求一個人時，總是得花一些腦筋，不能老用同一招。你的心上人喜歡「有點黏又不會太黏」的人，孫子兵法裡面寫的「欲擒故縱」就是擒拿她最好的方法。記得喔，凡事不要表現得太殷勤，記得拿捏好該有的尺度，不久後，她應該就會有回應囉！

未婚女：通常要讓人對妳有好感，最好的方式就是將笑容常常掛在臉上，用最自然的喜悅及快樂的氛圍去感染周遭的人，這樣自然就能得到別人的注目和喜歡。再提醒妳一件事，發自內心的表現才是最真誠的，過分的矯柔與做作的表情，可是會造成反效果，破壞了妳在對方心目中的形象喔！

工作事業

目前的你在工作上有著十足的衝勁，想要一展長才，並認為幸運之神離你不遠了！抱歉，我並非要潑你冷水，而是幸運之神尚未完全站在你身邊，所以勸你稍微等等比較好。凡事最好能以循序漸進的方式，千萬別想一步登天，否則接踵而來的繁雜瑣碎，不是你可以輕鬆應付的。

財運

你最近的財運狀況不錯喔！但這不表示你可以大花特花！別開心得太早，因為你的財運雖佳，卻是在「節制」之下才會好，建議你凡事要按部就班，若是太過於躁進，反而會將原來的好運打散掉。

考試

你好像對這次的考試志在必得？如果你真有百分百的堅持及自信，那麼，在祝福你之餘，我也要順便提醒一下，你的實力還有許多可以加強的空間，建議你努力不懈、再接再厲，才有機會達到心中的理想目標。

健康

先提醒你一件事：最近最好不要出入公共場合，能避就避，因為在這些公共場合裡，比較容易感染到耳鼻喉口的疾病。年紀大一點的人，或是本身關節及筋骨就容易出現毛病的人，更要多留意氣候及季節的變化，並且不要太過於勞動。

訴訟

不要慌、不要急，這樣很容易會亂了步調，就算你認定這件事可以順利解決，也請你先按兵不動，因為事件的發展不是如你想像的那樣。建議你「以靜制動，以不變應萬變，耐心守候」，等到事情有了新的轉機，再做應對的打算都還來得及。

3 水雷屯

屯者艱難之象，震卦陷於坎水之下，雷霆發動之勢受到阻礙，有龍困淺灘之嫌，亦只是事件的開端而已。所謂好事多磨，若存堅忍鬥志則有志者事竟成。

運勢

說真的，你目前的運勢並不是很好，做事會有綁手綁腳、受到阻礙的狀況，在各方面亦有不順利的感覺，這正是所謂的「凡事起頭難」。不過你也不必太擔心，只要你能堅定自己的意志，立下目標，秉持著勇往直前的決心，相信必能衝破難關，迎向美好的未來。

感情婚姻

已婚男：你的生活可說無憂且安逸，想必周遭就算出現問題，你的敏感度也不高。你可能也不太了解太太付出了多大的用心、承受多大的壓力。也因為這樣，你更不懂得如何與家人相處。其實你的問題只不過是沒有太大的責任感，所以家庭的重擔似乎全落到太太的身上。一個沒有責任感的男人對家庭的殺傷力是很大的，這一點，你一定要知道。

已婚女：要維持一個美滿的家庭的確不容易，請想一想，妳和另一半最近是不是常為了經濟而起爭執？「家」是休息的地方，如果妳常常為了錢跟先生吵鬧不休，反而會讓他在工作之餘連喘息的機會都沒有，這樣不但會加速兩人的關係惡化，更會造成先生的精神與體力都疲憊不堪。偷偷告訴妳，錢並非人生的全部，在人生旅途上，除了錢之外，心靈的默契也非常重要喔！

未婚男：你的心性還不夠穩定，處於貪圖享樂的階段；你現在應該也還不想有個固定交往的對象，講白一點就是還想多玩玩、多看看！不過在這裡要提醒你，玩歸玩、看歸看，千萬不要玩火自焚、引火上身。

未婚女：小姐，我真的忍不住要說，妳是否對自己太沒自信？雖然妳很想結婚，也想與人共組家庭，但假設妳永遠只停留在「想」的階段，那只會離婚姻之路愈來愈遠。

在這裡我還是要奉勸妳，光只用想的是無法實現的，喜歡一個人要勇敢去表達，即使說錯了也沒有關係，最少妳已經在替自己創造機會，如果老是用想的，那也只能玩單戀這招了。

工作事業

現在並不適宜有任何新的變動，因為你的工作正處於晦暗時期，況且時運也不佳，很多原本既定的行程，都會遭受環境或人為障礙的影響。建議你放慢往前衝的速度，先踩穩自己的腳步，靜候時機的到來。

財運

你的財帛運氣還沒有完全展現，雖然你很努力但還沒有被發現，目前正處於只見耕耘不見收穫的局面，所以你會有力不從心的感覺。不過千萬不要灰心哦！在這裡告訴你，還是不能放棄，要繼續再接再勵，努力工作是你目前唯一要做的，也是唯一能做的，繼續堅持下去，曙光離你不遠囉！

考試

想要考試有好成績，除了考運要不錯之外，最重要的還是要專心一致，做足準備工夫。你最好還是收起想玩樂的心，加足馬力，專心應付這次的考試比較要緊，不然真的要小心吊車尾。

健康

中國人講究中庸之道，也講究陰陽協調，所以凡事應該適可而止就好。關於你的健康情況，我只能說，飲食經常過量是個很大的問題，它會造成你的胃不堪負荷，也會造成脾臟功能輸送的障礙，另外也會引起血液循環不良，導致足部神經系統的阻礙。

訴訟

注意注意！你現在的心情應該很差，這個訴訟到目前為止讓你覺得很不理想，因為自己的無心之失讓你覺得有點理虧，進而提高了敗訴的機率。你還是要盡量主動釋放誠意給對方，必要時使用「哀兵政策」也不為過，這樣或許還有和解的機會。

4 水火既濟

濟者合也，陰陽調合之象。水在火之上，水因火而用則水能飲食。凡事可能會有不勞而獲的現象，但若因此而致氣勢高漲而不自知時亦僅是短暫的光芒而已。

運勢

你現在的運勢可旺得咧，甚至用「走路有風」來形容也不為過。事事順心的你，做什麼事都可以如願，只是你的野心好像愈來愈大囉，別怪我潑你冷水，凡事要適可而止，過分貪求及太得意忘形的結果，可是會讓你從雲端跌下來哦！

感情婚姻

已婚男：你們倆看起來應該是良緣一樁，夫妻雙方都能各司其職，扮演著互補的角色。你們很可能會發生的唯一問題就是，你們兩個人太相像了，所以最怕各持己見、互不相讓，會因為想要爭奪主導權而彼此水火不容。

已婚女：妳是否覺得先生隨便又隨性，比較沒有責任感，總是在推卸責任？其實他會這樣，也只是有樣學樣而已。說真的，你們之間最常發生的問題就是互相推卸責任，因此基本上你們兩個人都應該對自己的所做所為好好反省跟檢討，否則同樣的問題會一再發生。

未婚男：如果你已經有了對象，又正在交往中，應該是已經到了可以談論婚嫁的階段了。如果你還沒有交往對象，你的問題可能多半是個性過於隨和，讓你周圍的異性覺得你雌雄莫辨，更會讓他們不知道你的性向到底為何？這樣的行為真的會讓那些女人捉不到頭緒，無所適從。

未婚女：也難怪人家常說物以類聚！妳是否覺得身邊的男性都把妳當成哥兒們？那種大而化之的動作，不拘小節的個性，真的會讓他們誤以為妳只適合當一個哥兒們。如果妳還沒有正式交往的對象，奉勸妳改變一下作風與舉止，這樣一來欣賞妳的人很快就會出現在妳身邊了。

工作事業

如果你目前的工作屬於一般上班族的話，最近是不是常常得到老闆的頻頻注視呢？千萬別以為你做錯什麼事了，說不定這正是要替你升職加薪的前兆！再來要告訴想自行創業的朋友，現在的時機已經成熟，天時地利人和，大可以施展你的抱負了！正在找新工作的人也別著急，好工作即將臨門，等著接通知吧！最後提醒各位，凡事抱著一顆感恩的心，才能保有長久之計。

財運

想要問財運的你，現在請謹記三個原則：凡事不要操之過急、按部就班、循序漸進。目前你財運並不是很理想，即使遵循這三個原則也只能保你不被經濟所困，在這當中若有所斬獲的話，也別太早慶祝，要切記別在錢財入袋的時候就任意揮霍，不然會有「前手接錢後手空」的現象。

考試

算你運氣還不錯，這次的考試成績不會太好也不會太差，剛好在及格邊緣。不過你要記得並不是每次都會這麼幸運，別老是存著僥倖的心態應考，還是要努力用功才是上上之策，幸運之神不會老是眷顧你唷！

健康

以你目前的健康狀況看起來，表面上一切都還好，可是病因卻一直跟在你身邊。如果你長期縱情於聲色之中，很容易就會引發腎臟及泌尿系統的毛病。又如果你長期處於精神緊繃及操勞過度，則會有脾胃及筋骨血氣不順的現象。

訴訟

如果想要讓這場官司對自己有利，建議你要採取速戰速決的方式，拖久了很容易節外生枝，產生不必要的麻煩，甚至有可能發生其他的變化，造成難以收拾的局面。

5 澤火革

革者變也，更新之象，澤卦在上而能蓄水、離卦在下有火而焰上，兩者間有互相改變之象，因而有除舊佈新變革之意。

運勢

以目前的情況來說，一切尚未穩定，情勢也尚未明朗，因為占卜的結果顯示有向外求助、對外付出，也可能是有追求潮流的現象。如果你想讓運勢好轉，建議你別再墨守成規，腦筋要靈活一點，要能隨機應變、順應時勢才能跟得上潮流轉變的腳步，這樣一來你要抓住時機也比較容易一點。

感情婚姻

已婚男：目前兩人的婚姻狀態出現了膠著狀態，原因無他，就在於她對你產生了不安全感，而這股不安的感覺似乎是來自於你的個性比較浮華不實，對待她的方式也常常表裡不一。所以如果你能改變一下自己的表現態度，多對她及家庭花點心思，或許能改善兩人的關係。

已婚女：一個美滿的家庭是需要兩個人一起攜手創造的，千萬不可以老是想著別人會幫你做什麼事情，這種以逸待勞、坐享其成的心態是很要不得的，而且妳老是想著玩樂而忘了自己的本分，那就太不應該囉，這可是會造成他的嚴重不滿哦。

未婚男：漂亮的女生人人都喜歡，美麗的外貌也很容易引起所有人的注意，但容我在這裡提醒你一下，外貌是經不起歲月摧殘的，還是把重心轉移一下，看看身邊有內涵、有修養的女孩子，這樣你才不會老是在感嘆：「找不到真正適合自己的對象！」

未婚女：雖然女孩子要懂得含蓄，行為舉止要端莊，可是妳好像又太保守了。我看到的妳，是一個害羞與內向的女孩子，永遠不敢把妳的想法表現出來。如果妳再繼續這樣閉塞下去，妳可能永遠只看見他的背影。

工作事業

現在的你，好像覺得工作有點煩悶，對於目前的工作模式已經產生厭倦的感覺。如果你暫時還不想換工作的話，你可以詢問一下公司是否有其他你有興趣的職缺。改變現有的工作型態，或許你的倦怠感就會消失了，不過，假設你目前有想要轉換跑道的想法，現在就是個不錯的機會，大可以去嘗試一下。

財運

我可以明白你希望財神快來的心理，不過這也怪不得別人，誰叫你在錢財的運用上常常不知節制，花費又過大，很多時候都是浪費。偏偏你現在的財運並不好，所以你現在首重的工作是守住資源，不要做其他無謂的消費，另外再改變一下你對財務管理的態度，做個屬於自己的理財規畫吧！

考試

如果你硬要在這次考試上問出一個答案，那我只好跟你說對不起，因為結果恐怕會令你失望，建議你把希望放在下一次的考試，如果可以的話，轉換另一種目標或路線，或是改變自己的讀書方式，或許會有意想不到的結果。

健康

目前你的健康問題並不算太大，只有消化和吸收系統的毛病而已。病因的起源多半來自於飲食習慣不良，所以，只要你改變一下習慣，趨於正常，一段時間之後，問題就可以不藥而癒。

訴訟

雖然你們雙方都覺得自已站得住腳，很有道理，可是既然已經對簿公堂，如果你也想要事情趕快落幕，有個好結果的話，教你一個小撇步：「凡事以和為貴」、「以退為進」，或許因為你的大方而可以讓事情能有一個完善的解決。

6 雷火豐

豐者盈滿，上卦震為雷有動態之象，下卦離火蘊含其內，有加強其勢故為豐，雷火電光本乃一時之勢，其態必然壯觀，切莫沉迷短暫景象而得意忘形。

運勢

表面上來說，你的運勢還算不錯，可說是好運當頭。加上凡事多有貴人相助，整體可說是好運連連。不過在此也要提醒你，每個人在好運的時候，往往容易得意忘形，如果你不懂得自我收斂的話，只怕好運的時間會很短，讓你有短暫虛幻的假象，像是做了浮生夢一場。勸你還是不要太恃寵而驕，否則好運恐怕不持久。

感情婚姻

已婚男：照你們目前的狀況看來，你們這對可以說是歡喜冤家。相處方式暫時沒有什麼大問題，只是對於已經擁有一個家庭的你們來說，如果一直沉溺於現狀而對未來沒有規畫，將會產生「短暫美好」的假象，也是一種危機的前兆。或許你該提醒一下自己，是不是該開始計畫你們的未來了。

已婚女：夫妻間的相處本就應該相敬如賓，所有的夫妻都應該能遵守這個道理，尤其是身為太太的一方，也要避免太強勢的態度跟作風，也不可以因為妳的先生都順妳心、如妳意，就養成唯我獨尊的心態，這可會對妳的未來種下難以根除的禍端哦。

未婚男：如果你現在還沒有交往的對象，那麼最近這樣的好事應該會出現在你身邊了，也就是俗話說的「紅鸞星動」。如果你已經有了對象，又到了可以談論婚嫁的時機，最好打鐵趁熱，不要錯失了良機。

未婚女：妳的感情運呈現「近來大好、後勢看漲」的現象，目前追求妳的人應該不只一個吧！不過我要衷心提醒妳，千萬別因為自己現在狀況良好，追求的對象多，就把標準定得太高，這樣很可能會嚇跑真正的好對象。

工作事業

首先恭喜你，目前的工作剛好能讓你發揮所長，但我還是要提醒你物極必反的道理，當你走到一個巔峰之後，你要面對的可能將會是一長串的下坡，所以別讓自己的鋒芒盡露，有時要懂得謙虛及內斂，才不會因此遭人嫉妒，得罪身邊的小人，為自己種下禍因。

財運

你現在的財運雖然還不到巔峰狀態，但也可以用一個「好」字來形容——我必須本著良心對你提出一些警告，通常人在好運的時候，都很容易忽略守成的功用及必要性，所以當錢財來得太容易的時候，就會迷失了本性，切記切記啊！

考試

以運氣來說，你的考運正旺，想要金榜題名不是難事，最怕你平常準備時可能比較注重表面工夫，常常只想如何應付考試，做一些不切實際的事情，如果再繼續這樣下去的話，小心再好的運氣都會被你用光哦。

健康

你應該是一個對工作認真的人，正因為你把所有的時間和精神放在工作上，所以生活作息不當、缺乏運動，這樣會讓你的氣血循環不良、筋骨不順、腦部缺氧、頭痛等等，也會對脾胃消化系統造成困擾。你還要任由自己繼續目前的生活型態嗎？

訴訟

官司的結果堪稱順利，你勝訴的機率也非常大，不過既然是打官司，還是要記得凡事以和為貴，不要因為勝訴的機率大就因此自滿，記得「得饒人處且饒人」，別太咄咄逼人了。

7 地火明夷

夷有滅絕之意，明夷乃光明漸失、晦暗之象。離卦位居坤地之下，有如夕陽垂暮，暗喻黑暗即將來臨，應委身自保靜待時機，同時藉機修正自己，待光明到來自可開創一片天地。

運勢

雖然非常對不起你，但是我也不得不說，目前你的運勢剛好遭受外力介入，因而產生阻滯的現象，甚至有漸漸走下坡的情況產生，你會覺得什麼事情都不如意，愈想強力爭取，就愈失望。建議你，凡事最好多採取保守的態度，祝福你囉。

感情婚姻

已婚男：你們夫妻現在的狀況應該屬於有點暗淡的時期，好像都看對方不順眼，她認為你太刻板，你認為她太散漫。建議你們彼此多給點空間與時間，冷靜思考一下未來的方向與相處的模式，才不會因為太過衝動而造成日後的遺憾。

已婚女：妳是不是覺得自己在家庭裡的地位漸漸消失，因而產生了求去的念頭？兩個來自於不同成長環境的人，要共同組織一個家庭是需要有共識的——關於這一點，不知道你們在當初結婚的時候有沒有想到？所謂冰凍三尺非一日之寒，你們的問題也不是短時間就發生的，妳是否該檢視自己以往的行為或心態有無缺失呢？

未婚男：你知不知道自己為什麼交不到女朋友？或是為什麼女朋友總是跟你分手？原因其實很簡單：你所有的表現都沒有辦法受到重視。建議你，多充實自己的內涵與才能，未來才有機會受到別人的青睞。再偷偷告訴你，以你的個性，會是一個當好先生的人才，卻不是一個當好情人的人才，不妨學習當個好情人吧！

未婚女：妳表現出來的行為好像太剛強了，似乎沒辦法讓妳喜歡的對象覺得妳是一個女孩子，這麼一來，妳所有的表現都是無濟於事。在這裡我只能建議妳，改變行為模式還有穿著打扮，盡量讓自己顯現女性應有的溫柔面，這樣才有可能吸引到妳喜歡的對象喔！

工作事業

用現代人的說法，目前你的工作事業運叫做「小人纏身」，你會覺得最近的工作常常遭遇莫名的挫折，做起事來也會有諸多的不順。這麼多不如意的原因都來自於你目前的運氣不佳，此時最好的方式就是讓自己明哲保身，退一步海闊天空，凡事多小心一點，也不可以過於衝動，否則就會一失足成千古恨。如果你有宗教信仰，去廟裡點個光明燈，看看能不能對自己的運勢有所幫助囉！

財運

對不起喔！你目前的收入狀況好像正在逐步遞減，這是因為你的理財觀念有些錯誤，加上現在的運勢剛好走到要下坡的階段，所以目前的財運表現都不如你意，也不盡理想，錢財有流失的現象，此時你更要小心花費才行。

考試

如果你真的想知道答案，我也只好實話實說，你現在流年不利、運氣欠佳，若談功名也好像希望不大，或許你可以在居家陽宅的文昌位上做點手腳，補強一下你的文昌功名，說不定可以為自己創造一點效果和機會。

健康

不必太擔心，目前的狀況是可以藥到病除的。雖然如此，我仍然要提醒你，別忘了做適當的調養，也不要讓自己太過操勞，還有，請多注意胃腸消化系統，老年人也要多注意心臟及血管的保養。

訴訟

提醒你先看一下「運勢」的部分，就像「運勢」所說的，眼前的狀況對你相當不利，看起來對方好像吃定你的樣子，你也好像毫無招架之力，所以我很衷心建議你，如果可以找到機會跟對方求得和解，應該是當下最美好的答案，也是最理想的結果。

8 地水師

師者為眾，亦有征戰之意，陽居二爻被陰爻所困，有如惡人當道、使其勞苦波折，唯有順應天理出師平亂，方能呼應民心起而效之。

運勢

什麼壞事也沒做的你，可能對於自己的近況覺得有點委屈和不解。目前運勢的確不怎麼順利，但也不用太著急，因為那是一種變動的潮流，而你本身又是波動的主流，只要你凡事可以順應天理、順應時勢，不要妄想逆向操作，雖然過程可能會比較艱辛，但只要能堅持到底，勝利終究是你的。

感情婚姻

已婚男：難怪你會覺得悶，身為一家之主的你，卻常常覺得好像一切事情都是她在主導，讓你處處受到限制。別生氣，情況不會永遠都這樣，這只不過是短暫的現象而已。其實，你們兩個所做的努力都是在為這個家著想，只要心態正確，變換一下方式亦無不可。

已婚女：習慣主導權在自己手上的妳，是否該想一下，為什麼自己這麼辛苦，還要被人家說妳太過強勢，並懷疑妳只想著如何掌控他？這樣是不是很吃力不討好呢？其實兩個人都沒錯，只要轉換一下妳的心態，試著把主導權和決定權慢慢轉移給他，或許可以獲得不錯的回應。

未婚男：雖然你的異性緣很好，但你曖昧不明的態度，反而容易讓人覺得你像「花心大蘿蔔」。正因為這樣，你不容易找到真心的對象，就算找到了，也不一定能長久。如果你不能改變與人相處的模式，無法創造出專一的形象，就不容易引起別人對你的青睞。

未婚女：妳擁有近乎完美女人的條件，集所有優勢於一身，但這偏偏很可能是造成對象逃避妳的理由，或者是想要追求妳的人認為妳太優秀了，不可能沒有男朋友，而不敢親近。建議妳可以小小自我宣傳一下：「我單身，來追我吧！」這樣或許可以快一點讓喜歡妳的人採取行動。

工作事業

你的工作運還不錯，沒有什麼大問題，也因為你現在的工作狀況不錯，要先提醒你，千萬別因此太得意忘形，這樣很容易遭人嫉妒，更有可能而被小人陷害。再者，如果你現在有創業的念頭，時機並不適合，因為「人和」稍嫌不足。如果有任何疑問可以求助於長輩或有力人士，並參考他們所提供的意見。

財運

目前，你的財運並不算差。可是因為最近要花費的項目比較多，金額也比較大，所以可能會出現收支不平衡的狀態。建議你做一下錢財規畫，買東西前先考慮清楚，把現有的錢財做有建設性、有未來性的支出，這樣或許就可以減少浪費。

考試

以考試來說，這次的成績雖然不盡理想，但勉強可以接受。原因不是考運不好，主要的關鍵在於你常常喜歡臨時抱佛腳，平常沒有加強實力，也可說是太注重表面工夫，只是為了應付考試過關。給你一個良心的建議，平常還是要多做準備，加強自己的實力。

健康

你到底是在為誰辛苦為誰忙？這樣過度勞神，很容易就會讓自己產生精神不濟的現象，也因為這樣，飲食習慣及作息時間都會錯亂，這很可能會讓你的胃消化不良、脾臟功能緩慢，還有筋絡及氣血不順喔！

訴訟

你是否覺得，這個官司怎麼有如四川的變臉似的，整個過程可以說是「變幻莫測」，而且讓你覺得怎麼事事都難以捉摸？在此要建議你，必須有極大的耐心去應付這個官司，千萬不可以心急而慌亂，堅持下去才有勝訴的機會。

離宮八卦

1　離為火

離者麗也，光明之象，火又為禮，行事往往流於客套，又上下兩卦陰爻皆居其中，有如依附某種條件而生，若不依循正道，終將被美麗的表象蒙蔽而後悔不已。

運勢

你運勢還算不錯，在處理事情時也可以說頗為順利，不過仍然要提醒你，雖然目前的狀況令你滿意，要小心別因此沾沾自喜。因為只要是人，往往容易被眼前的美麗現況蒙蔽，如果不能循規蹈矩、按照一般正常的道理行事，非常有可能如同美麗的火焰一般，不但燒傷了別人，最後連自己都給吞噬掉了。

感情婚姻

已婚男：雖然你說的話聽起來似乎很有道理，行事做風看起來也很強勢，但如果你永遠都只是靠著虛張聲勢的外表，早晚會露出馬腳。有些時候並不是大聲就是有理，你的另一半不吭聲並不表示她認同你，而是她已經懶得跟你講道理。建議你好好充實自我，補足自己的內涵，這才是夫妻之間長久的相處之計。

已婚女：夫妻雙方如果沒有相同的理念及對未來的規畫，那你們的婚姻很可能會像熊熊火焰一般，只能擁有短暫的熱情而已，沒有可以繼續下去的條件。除非妳只想要曾經擁有，根本不在乎天長地久，否則建議妳實際一點，不要一味想維持你們現有的美麗外表，而不注重婚姻的實質問題！

未婚男：你的個性有點不夠成熟、穩重，會讓對方沒有安全感，加上你很容易就表現出比較奢華虛浮的樣子，這樣的條件實在不足以應付未來的考驗。還是建議你，多多重視自己的內在，培養自己的才華，才能迎得美人歸，這也是未來生活的根基，這樣的人生才會有美好的姻緣。

未婚女：說到感情，就真的傷感情了，感情路對妳來說，只能用「波折不斷」來形容，不過妳也要反省一下，浮誇不實的生活型態並非長久之計。妳也不要認為，只要事事附和對方就能得到真正的良緣；唯有使自己表現女人應該有的德性，才能獲得認同。

工作事業

朋友，不要因為一時受到他人的賞識就自以為是、目中無人，要知道爬得愈高，可是會摔得愈重哦。目前的你最好能把握時機，盡量充實自己，將根基紮穩，才能持續獲得重用。

財運

「過路財神」正是你現在的財運狀況。目前你的財運並非很理想，從表面上看起來是有錢財進帳，可是實際上卻沒辦法掌握，花錢花得莫名其妙。奉勸你用錢之前還是先三思吧，盡量避免不必要的開支，尤其是那些酒肉朋友的邀約，想辦法拒絕比較好。

考試

所謂的考運好壞，與個人的努力是脫離不了關係的，一個不努力的人，就算考運很好，也很難幫得上忙。撇開考運不說，你並不是一個會專心準備考試的人，這也可以說明你的根基不足，如果還有時間可以讓你在考前衝刺的話，你還是把所有的注意力放在考試上吧！

健康

你的身體看起來應該是有點壯吧，其實真正的原因是你的上半身有水腫的現象，並不是你真的很壯，而且這源於你的生活作息跟正常人不太一樣，導致有腎虛火上揚的現象，影響了心臟的正常功能，另外也會影響小腸的吸收功能。

訴訟

目前的情況對你相當不利，原因是理由不夠充足，證據不夠健全，如果可以尋求長輩的協助或直接請他們出面協調，可能還有機會減低對你的傷害。千萬不要因為沮喪而意氣用事，這樣反倒對你沒有任何的幫助哦。

2　火山旅

旅者過客，流浪不安、游移不定之象。離火在艮山之上，有如處於美麗的外表及火光之下容易迷惑，自然內心會焦慮不安。

運勢

你最近是不是覺得做任何事都有一種很無力的感覺?好像一點頭緒也沒有,不曉得要從哪裡下手、從何開始比較好?甚至缺乏了方向感,有種不知所措、不曉得怎麼辦的感覺呢?不用太擔心,因為你現在的運勢正好走到混沌的境界,如果你可以多多參考一下別人給你的意見,從中找一個方向跟目標,再仔細研究計畫,做好萬全之策,就有逢凶化吉的機會。

感情婚姻

已婚男:這位先生,你是不是要先檢討一下自己,既然已經是有家庭的人了,是不是該收起玩樂之心,把重心放在家庭上呢?若你仍然貪圖非分之想,甚至不懂得節制,可得小心了,因為不是每個人都能享齊人之福。奉勸你,在還沒有鑄成大錯前,趕快讓自己的心安定下來才是正確之道,以免嘗到「齊人之苦」啊!

已婚女:凡事不要太衝動,雖然妳有想離去的心,可是不是什麼事都像妳想的那麼無法挽救。吵架的時候,先生所說的話一定不會好聽到哪裡去,不過妳是不是也要自我反省一下,自己的脾氣是否也不太穩定,常常對他忽然鬧脾氣呢?這樣無法讓人捉摸的個性,可是會增加兩人爭吵的機率哦。

未婚男：你是不是很想腳踏兩條船？還是你根本已經劈腿了？別以為你可以做到天衣無縫、不會被發現哦，紙永遠沒辦法包得住火，劈久了，總是會有被拆穿的時候，那時再來飲恨，可是很不好過的。人人都喜愛追求美好的事物，但是做人處事要懂得知足節制，千萬不要太貪心，否則很可能因此惹禍上身。

未婚女：小姐，容我提醒妳一句：帥哥難照顧啊！妳可別讓美麗的外表迷惑了，也不要老是讓自己顯得高傲不可親近，這樣只會嚇跑對妳有意思的對象。而且妳好像一直都在追求別人眼中所認為的好對象，連自己想要什麼樣的人都還搞不清楚。還是先設定好妳的目標再說吧！

工作事業

目前這份工作對於你來說，有一種過客的感覺，可能無法長久，但是你可以為下一個工作做準備了。假如你還在待業，現在應該利用機會多多充實自己，自我成長，為自己的將來做足準備。如果有想創業的念頭，目前的時機並不適合，就算做了也只是白忙一場，這樣辛苦耕耘沒有收穫的事，你會想做嗎？

財運

目前的財運是屬於「過路財神」，而且你的收入也沒有很穩定，還常常會出現捉襟見肘的窘態，不但常常為了錢財的事勞心傷神，也一天到晚為錢辛苦為錢忙。對目前的你來說，「開源」比較不切實際，兼差只是讓你多費心力，並不會增加你多少的收入，還是想想如何守住它比較實在吧！

考試

「雷聲大、雨點小」是你這次考試的註解，不管在你或眾人的眼中，你應該可以考得不錯的，可是因為這次考運並不是很好，所以只能說是勉強過關。不要氣餒，快為下一次考試做足準備吧。

健康

引起心病最主要的原因就是「想太多」，因此只要你想到哪裡就病到哪裡。唯一的辦法是讓自己的心情放輕鬆，別再找那麼多的事來讓自己勞心傷神，自然可不藥而癒。別忘了，心病還需心藥醫，藥就在你自己的身上喔！

訴訟

這個案件說起來也不是一件很大的事，很可能只是一時的意氣用事而已，如果有一方願意退讓一步，照理來說應該可以達成和解。給你一個良心的建議，這種案件最忌諱的就是「意氣用事」以及長時間的拖延，不但個人傷神傷財，也是兩敗俱傷。

3 火風鼎

鼎者定也，亦為烹調器具，就卦象而言以木就火相互輝映，密切合作。若能虛心就教，可因表現而得支持，進而邁向成功之道。

運勢

目前你的運勢並不十分順利，做任何事好像有處處碰壁的感覺，不但如此，你還會遇上被小人暗算的危機。既然運勢不佳，凡事還是先別輕舉妄動，在這裡建議你，如果真的有需要你立刻做決定的事，在做任何動作前，最好先請長輩或上司替你協調與幫忙，這樣雙方相互輝映，彼此密切合作，事情應該就比較容易順利完成，也可以有「事半功倍」的效果。

感情婚姻

已婚男：憑良心說，雖然你自己覺得為這個家付出很多，也很關心你的家人，但你有沒有想過，到底什麼才是維繫一個家的重要關鍵？當然你也沒必要把一個家搞得像個軍隊，事事都要講求「原則」。凡事不知圓融，又不懂得生活情趣，這些都很可能是造成你們兩個有衝突的主要原因。如果可以的話，試著聽聽過來人給你的建議，或許能改善夫妻兩人的相處關係。

已婚女：夫妻之間必須講求相互的信任與體諒，如果妳老是用自以為是的觀念，表現出得理不饒人的態度，萬一不幸偏偏對方不吃這一套，我想妳可能會很生氣吧！不過氣壞自己對妳的家庭可是會造成莫大的損失，所以我還是建議妳，溫柔一點比較好，更不需要把所有的責任都扛在自己身上，明明有個男人可以推，為什麼妳要那麼笨?!

未婚男：很多人都覺得知己難逢，更何況是一個真心的對象呢？在你選擇對象的同時，你是不是要先想一下，你是要找一個能對你真誠以待，你也能放心把話告訴她的人呢？還是要一個只懂得逢迎拍馬、附和你的對象？提醒你，真誠與坦白才能持久，可以與你產生互補作用的那個人，才是你相伴一生的對象。

未婚女：目前妳想要找對象？恐怕有點難度喔！原因在於妳的眼光高、處事能力又強，行事作風有時也會比較強勢，這可以說是妳的優點，但也是妳的缺點，光是這些，在男人的眼中，妳就是個不必依靠任何人都可以活下去的女強人了，男人一定會覺得妳不需要被人保護、被人疼愛，在妳身邊根本無法發揮他們的作用，難怪妳會覺得感情不順！

工作事業

你目前的工作可以用順心如意來形容，正因為運勢不錯，所以做起事來有事半功倍之效。事情交給你，你都能如期完成，在這個時候如果可以得到長輩或上司的提攜，凡事就更能得心應手、如虎添翼。不過要提醒你，身邊的小人不是沒有，千萬不要被五光十色所引誘，否則就會破壞你現在的好運。

財運

目前看來，你的財運還不錯，不過你最好不要只想把錢財緊緊守住，如果不懂得靈活運用，只會做一個守財奴，就不可能讓存款增加。要讓財運變得更旺，就必須懂得運用才行，好好把握現在這個時機，要創造財富就在此一舉。

考試

恭喜哦，如果要問這一次的考運，因為你現在的運勢很不錯，再加上你平時的努力，所以成績應該還算不錯，想要金榜題名不是一件難事。唯一要提醒你的是，看到這個占卜解釋後，不要太過自信，如果你掉以輕心，還是會讓自己跌破眼鏡。

健康

情緒緊張、壓力過大是健康的殺手，這個殺手好像也是你自己找來的，看看自己的生活作息是否不正常?這樣的情形，很容易會使你在消化排洩及泌尿系統的功能失調。不過，你也不用太緊張，只要你願意好好調養，不久就會好了。

訴訟

由於你現在的運勢不錯，這場官司對你而言，勝訴的機率相當大，而目前來說，對你有利的條件也比對方多，不過在此還是建議你，雖然勝訴的機率很高，但也不要表現得太心高氣傲，凡事以和為貴，眼前留一線、日後好相見。

4 火水未濟

未濟者失也，不得其所作用盡失。離卦位於坎陷之上，有才能被埋沒之象，並非毫無轉機，亦喻為黎明前的黑暗，為轉捩之點。

運勢

你，累了嗎？最近你的狀況屬於低潮期，又加上氣運不佳，所以做起事來感覺特別費力，結果也無法讓你如意。不但如此，每件事又處於停滯不前的狀態，事事不順心，又沒有貴人出現相助，更顯疲憊。照目前的形勢來看，如果你有任何變動的想法，還是先暫緩一下比較好，因為無論你做什麼變動，一樣還是不能稱心如意。

感情婚姻

已婚男：你們夫妻兩位真是一對寶，公說公有理，婆說婆有理，到底誰有理？我想連清官都很難判斷。要知道，吵架可說是兩人對事情有不同意見時的一種表達方式，你也不要覺得你身為先生就比較尊貴、比較大。夫妻兩人在家庭的地位是同等的重要，沒有大小之分，聰明的你別再把時間與力氣花費在無謂的爭吵上，利用這些精力去想想你們的理想，創造你們的未來，不是更美好嗎？

已婚女：妳是不是覺得妳的先生太閒了，什麼事都要管？其實妳也用不著把它當成是一種管教，先生只不過是發揮他對妳的關心而已。也可能只是妳沒有辦法接受這種方式，如果他真的什麼都不管妳，這樣妳會比較快樂嗎？雖然說夫妻雙方各有獨立空間與隱私，但妳也不用劃分得太清楚，假設夫妻無法共同擁有一樣的目標與理想，在生活圈裡也無法重疊，那跟住在同一間房子裡的一對陌生人有什麼兩樣？這種生活又有何意義？妳覺得呢？

未婚男：你所欣賞的對象，應該是在個性或各方面的表現上，都與你比較相似的人，可是你有沒有想過，同類型的人要成為一對情侶，會很難耶！假設你很有主見，擁有主導權，她也一樣有主見，一樣有主導權，到底誰要聽誰的？告訴你，男女雙方必須產生互補的作用，在一起才會長久喔！

未婚女：妳的個性是不是比較海派？說真的，妳周遭的人也都跟妳一樣海派，就像是物以類聚，如果妳想從這些人中找一個對象，會不會顯得妳不夠聰明？俗語說「異性相吸、同性相斥」，這句話不單講性別而已，也可以用在個性上的表現。所以妳應該想想，哪些優點是妳欠缺的？找到擁有那些優點的人，才是妳正確的目標。

工作事業

小心喔，近來會出現「小人纏身」的情形。所謂的小人纏身，指的是在你進行工作的流程中，會有被阻擋的情形，進而造成行事不如意，令你有凡事都會受到阻礙的感覺。此時希望你謹言慎行，畢竟小人是在暗處，還是自己小心提防為妙。順便提醒你，你也是你自己的小人，因為在生活上，你不懂得自我克制。趕快改變自己吧！

財運

最近用錢很兇哦！目前你的財運狀況並不好，自己要衡量一下花費的項目是不是必要的，就算是一定要支出的費用，也應該要有所節制，否則會造成入不敷出的情況。再來要提醒你注意的是，朋友間的借貸週轉投資，更要小心，一些無意義及無謂的應酬，能免則免，如果你真的要參加，先掂掂自己有多少斤兩吧。

考試

如果你從沒考過很爛的成績，這次你可能會有個新的體驗了！看到成績的時候，希望你能抱著「有及格就不錯了」的心態去面對它，那你會比較好過一點。考運不佳的時候要逆向思考一下，況且這次考試的經驗也滿刺激的，就當坐了一趟雲霄飛車也不錯啊！

健康

你身體沒有很明顯的病症，但是我可以先告訴你，應該是循環系統出了問題，才會造成頭暈目眩和體力不濟的現象，同樣也會有煩躁不安的感覺。然而這些徵兆的起因是你的生活方式很糜爛、毫無節制，所以，你該趕快反省覺悟，不要再繼續浪費人生了。

訴訟

因為你的運勢並不佳，關於這件官司，一切事情還處於不明朗的狀態，膠著難分。現在你還是應該以靜制動，先觀察事情的變化，不要著急，靜靜等待，等到有利於你的時候，再來做決定。

5 山水蒙

蒙者昧也，水在山下為泉，泉為水之源，亦有如水氣之霧狀故為蒙。霧中失向，理應求教於人方能在迷霧間步出坦途，否則進退維谷、困境綿綿。

運勢

最近你是不是常常覺得所有的事情都似是而非，好像對自己也沒什麼未來的感覺，也不曉得自己做了這些事到底對不對。尤其是在要做決定性的判斷時，會非常徬徨、不知所措；好不容易要下決定了，又發生猶豫不決的狀況。現在你最好不要意氣用事，不要自作聰明，如此只會導致更多的錯誤發生。如果可以的話，最好能求助於長輩，多多參考他人的意見，這樣比較可能度過難關。

感情婚姻

已婚男：你是否想問：「為什麼我一直無法得到她的認同？」原因很簡單，因為你在遇到問題時，第一個產生的反應總是矛盾與猶豫不決，讓她覺得你的個性很捉摸不定。更糟糕的是，你連自己都無法了解自己的個性，更何況是你的另一半？如果想要改善你們兩人的關係，建議你還是詢問一下別人的意見，不要再用你自以為是的「智慧」了，如此才會有真正的解決之道。

已婚女：首先，請妳先想清楚，到底是想當個「賢妻良母」還是「閒妻涼母」？如果妳還沒有辦法真正做決定，那趁現在趕快想清楚。其實要做個真正的好太太是沒有標準答案的，因為每個人都有每個人的天性，何不把妳心裡真正的想法告訴他，做個表裡如一的人，對自已有信心一點，不要太在乎外人的眼光，只要你們兩個人都快樂最重要。

未婚男：你好像很怕被拒絕哦，雖然說「女人心、海底針」，不過你也想得太周全了，在每次出擊之前都要考慮再三……如果你覺得在還沒有了解對方的心意之前就不敢行動的話，你大概永遠只能繼續等了。試著把膽子放大一點，也許過程會比較艱辛，也許答案不是那麼理想，但至少已經替自己製造了一次機會，不是嗎？

未婚女：有句話說「落花有意、流水無情」，看來，妳喜歡的那個人已經出現了，可是他對妳，好像不太有意思的樣子，是嗎？喜歡一個人是很美好的事，只是人生嘛，難免會遇到各種打擊與挫折，如果可以的話，聽聽我的建議，試著把真實的自己呈現出來，拿出妳的勇氣來告白。如果妳能給自己一點信心的話，或許可以替自己創造機會。

工作事業

雖然你目前的工作還不錯，可是不曉得你有沒有發現，自己的能力好像稍嫌不足？要知道，如果沒有豐富的內涵、實力和充足的經驗，很容易會被淘汰的。如果你能改變對工作的態度，抱著以學習為出發點，充實自己為目的，在工作上可以虛心求教，必定會有斬獲。目前時局不穩、狀況不明，千萬別亂下決定，以免將來發生錯誤的後果。

財運

你是不是覺得被錢壓得喘不過氣來，總覺得自己明明很努力賺錢，收入卻沒有增加多少？在我看來，你的財務會發生狀況，是因為你的理財方式有問題，才會造成入不敷出的現象，而且你對錢財又不懂得如何運用。當務之急，還是趕快改變你的生活方式，好好做個理財規畫，量入為出才是正確之道。

考試

雖然你本身是個有才華的人，可是因為目前時運不好，加上你對自己又自信過度，所以在面對考試的時候，很可能會掉以輕心，甚至於旁人給你的建議，你也不想理會，這樣是很容易和榜單擦身而過的。

健康

你現在的體質應該是比較虛弱的，而且抵抗力也比較差，你有沒有發現最近看醫生的次數變多了？不用太擔心，建議你平時多注重養生之道，別浪費太多精神與體力，這樣應該就可以讓身體慢慢好轉。

訴訟

這場對官司對你相當不利，以現在的狀況來說，不管你有任何條件都不足以讓這件事有好轉的可能。除了你的運勢不佳之外，對方好像也有靠山，會有仗勢欺人的態度，因此建議你，如果能花點小錢了事，用和解的方式，應該會有比較好的結果。

6 風水渙

渙者散之象，巽風行於坎水之上，坎為陷落被風吹散，意喻災難遠離、重獲新生。

運勢

簡單地說，你必須「等待時機」。或許你現在野心勃勃，有很多想法，但還是要請你等等等。等待，不一定是很消極的事，如果你懂得將等待轉化成在這段時間充實自己，加強自我的意志力，不也代表另一種轉機嗎？建議你，只要能夠堅定意志，並且在下決定或做任何事之前，獲得長輩的相助，必定能有好的機運。

感情婚姻

已婚男：先生，你是在跟你太太比賽，誰的生活過得比較糜爛嗎？如果你再不重視這個很嚴重的問題，你們這一段婚姻，不久之後可能就會畫下句點。你到底知不知道你們之間的問題是什麼？真正的原因很簡單，只是你從來沒有認真去考慮你們所發生的問題。簡單地說，就是要很勇敢地「面對現實」。

已婚女：妳會問到這個問題，代表妳還很想挽回這一段婚姻，只是妳可能不知道問題的根源在哪裡？我很衷心地告訴妳，你們倆都只是用一種粉飾太平的心態在處理事情，表面上可能裝成沒事，實際上的障礙卻已經形成兩人之間的心結，只會讓你們形成貌合神離的現象。如果妳真的有心解決，趕快去找那些你們可以共同信任的長輩或朋友幫忙。

未婚男：如果你目前還沒有交往的對象，我想也不必太著急，因為你自己也不是很在乎，只是看著別人都出雙入對，引起你的心癢癢而已。順便告訴你，你的心性屬於比較不穩定的，所以你根本也不知道你的目標對象是什麼。因此建議你，等自己的心能夠穩定的時候，再來問這個問題，到時候可能會找到比較肯定的答案。

未婚女：如果妳目前還沒有交往的對象，我想也不必太著急，因為，在現在這段時間，妳所找到的對象一定沒有很優的條件。萬一妳現在是有交往對象的人，那妳現在這個男朋友的條件和各方面的表現，一定不是很理想；你們可能會挑剔彼此的條件，這麼一來，雙方當然會愈來愈疏離了。

工作事業

運勢不佳的你，雖然在工作上很認真、也很投入，卻感覺自己很像一隻無頭蒼蠅，即使每天忙得焦頭爛額、辛苦不已，也沒有得到上司的肯定及認同，更別說是讚賞了。在這個時候，假如你想要有什麼作為，或是想要強求某些事情的話，勸你還是不要想太多，先多多充實自己的內在，等待時機到來的那刻，再去施展你的抱負吧。

財運

真是不忍心告訴你，雖然你現在很渴望財神爺眷顧，可是說真的，你目前的財運不好，也沒有其他的收入來源。而且你又不擅長理財，常常不懂節制，甚至還會亂花錢，把錢財花費在沒必要的項目上。在這裡奉勸你，人生的目的不只在追逐享樂，還有很多有意義的事情可以做；也在這裡提醒你，凡事量入為出，在各項支出上，你可能要做一下規畫才行。

考試

平日貪圖享樂的你，現在應該可以感受到考試的威脅了吧?!反正你對考試也不會那麼在意，所以成績好不好，對你也不會產生任何的影響。但是站在替你未來著想的立場，即使你不願意聽，我還是得告訴你一句老生常談：「書中自有黃金屋，書中自有顏如玉。」希望你能以此提醒自己。

健康

你好像有操勞過度的現象喔?!而這種操勞是屬於不正常的行為，也就是太過於追逐享樂，不必要的應酬活動太多，才會造成你精神不易集中、容易渙散，還會讓你的循環代謝系統及泌尿系統產生問題。嚴重警告你，再這樣繼續下去，損壞掉的健康是無法彌補的。

訴訟

官司纏身是一件很辛苦、也很累人的事，如果你希望這宗官司可以圓滿、順利解決的話，主動提出和解或許是個不錯的辦法。在此建議你凡事以和為貴，把姿態放低一點，如果可以的話，最好可以請長輩幫忙出面協調，或請律師、地方有力人士來從中協調，這也是一個對你比較好的方向。

7 天水訟

訟者爭論也，乾卦在上有昇之意、坎卦在下有陷之象，兩者背道而馳、相去甚遠，或為觀念或為做法之不合時用也，勿過於堅持，以免如人涉水、隨時有不測之險。

運勢

你最近的運勢不太理想，如果有什麼計畫的話，最好先暫緩，小心觀察周遭的環境與情況是否真的如你看到的那麼美好。雖然你會覺得以你的才華與作為應該要被賞識，可是因為現在的時局並不屬於你，所以即使想發揮，也會處處受限，行事被牽絆，造成有志難伸的現象。在這裡建議你，目前你只適合靜觀其變，千萬不要操之過急，也不要一時衝動而與人爭執，這樣很容易招惹小人上身。

感情婚姻

已婚男：外國的月亮真的比較圓嗎？既然你娶的人是她，是不是就應該要想想如何規畫你們的未來，談談彼此對未來的理想與目標？老是對她發出「別人家的老婆怎樣怎樣……」這種不平之鳴，好像你有滿腹的委屈，難道她都沒有委屈嗎？先想想，你自己又做到什麼？你的付出又有多少？不斷要求對方，只會引來雙方對彼此更多的不滿。每一個家庭都有不同的狀況，千萬不要與他人比較，所謂比上不足、比下有餘啊。

已婚女：現在妳已經不再是單身，想怎樣就怎樣的那段日子當然是過去式囉，妳已經與人共組家庭，如果三天兩頭老是為了同一件事有爭執，是不是該來探討一下其中的原因？其實你們之間的問題並不大，說穿了，就是互相看不順眼，彼此對生活模式都有意見，都不能認同。婚姻本來就是兩個家庭的組合，生活背景、習慣都不相同，在這方面你們必須溝通，彼此協調、互相配合，才不會因為小細節而破壞了這段婚姻。

未婚男：要追求一個喜歡的對象已經要絞盡腦汁了，現在身邊又出現一大堆人的意見，有的人說她應該很喜歡你，有的人說她好像已經有了其他的欣賞對象，搞得你快要分不清到底誰說的才對。是他們的問題嗎？請反省一下，為什麼你重視別人的說法比重視她的看法還多，交往是你跟她的事，要在乎的是你給她的態度與感覺是否真誠，如果你再聽信所謂「好朋友」的建言，到時別躲在棉被裡哭囉。

未婚女：正所謂愛情是盲目的，所以現在妳的眼裡只有他一個，也是正常的。但是，不要覺得妳喜歡人家，人家就一定得喜歡妳，請探聽一下對方所欣賞的女生，條件是不是跟妳一樣。雖然說適時的表達，有可能加速兩個人在一起的機會，但表現得太過強勢時，會讓人家產生反感喔！

工作事業

你是否覺得自己「與工作不和」？雖然你可能覺得自己的能力還不錯，偏偏會出現做什麼事都無法順利完成的情形，長久下來也得不到主管的重視，好像頭頂有一片烏雲遮住的感覺。原因除了你目前的運勢不好之外，你的能力也有很多可以加強的空間。人生本來就有起有落，不要太消沉，把這段時間當作有薪假期，趁機會好好充實自己比較重要。

財運

在問財運之前，得先知道一件事：你了解自己的花錢習慣嗎？送你一句話「有多少能力做多少事」，老是看到別人有什麼就說「我也要」，但你有沒有衡量一下，自己到底有沒有這個能力？欲望是無窮無盡的，無法克制自己，就無法徹底解決你的財務狀況。奉勸你凡事還是要量入為出，才能慢慢改善經濟狀況。

考試

從考運來看，你這次的考試成績比較不理想，不是因為你不努力，而是因為考運不佳，又或許這次的考試項目並非你的專長，所以可能會出現一些意想不到的狀況而影響了成績。假設離考試還有一些時間，記得還是再看看要考的內容，補強一下比較重要。

健康

你本身的體質就不夠好，抵抗力也不佳，主要的原因在於，你很少好好照顧自己的身體，也不懂得如何保養，更要命的是，你還不會珍惜它，所以在使用過度的情況之下，你的身體一定會對你發出警訊，容易會有腰痠、背痛，循環系統、消化系統及泌尿系統也漸漸減低工作效能。

訴訟

打官司最怕的事就是雙方都拖太久，如果你想要這場官司快快結束，先想想你自己有多少勝算？如果你也覺得有利於自己的條件其實並不多，那是不是不要再與對方產生不必要的爭執？再多的爭執只是換來雙方更多的怨懟，建議你還是自己先退一步，詢問對方是否願意採取和解，這對你或許是比較正確的決定。

8　天火同人

同人者親切相與，同舟共濟和悅順從之象、天在上火在下，兩者並昇相得益彰，萬事皆可得心應手。

運勢

如果你現在打算與人共同合作的話，是個不錯的時機，而且在進行的同時，如果又能有長輩的協助，更有如虎添翼的效果。加上現在的你運勢正好，應該趁此時機多多與人接觸，擴展人脈，為自己紮下未來的根基。提醒你，雖然運勢不錯，可是想要一個人單打獨鬥是不適宜的，這時候做事千萬不要一意孤行、不與他人接觸，如此很容易引起爭端，還會種下日後失敗的種子。

感情婚姻

已婚男：雖然說男人是一家之主，可是並不代表什麼事都你決定就好了，維繫一個家庭是要靠夫妻兩人有共同的理想與目標，「夫妻同心、其利斷金」，只要你不要一意孤行、自以為是亂下決定，自然可以解決一切的難題。

已婚女：妳還在一個人撐什麼啊？當一位主導者是很辛苦的，不要再扛下所有的事了，此時是不是該讓妳的男人發揮一下他的功用了？其實，這也不能怪妳，因為妳的個性就是這樣，常常覺得妳來做比較快，就什麼事都攬在自己身上。建議妳試著把問題與他一起討論商量，集思廣益才能在問題發生時從容應對。妳會發現，他其實是個願意做的人喔！

未婚男：你要不要先想一下，你找對象的目的是什麼？是要跟你共同生活，互相扶持一輩子，還是你只缺少一個讓你可以「碎碎念」的對象？如果你是以要與對方一起「尋找共同的理想目標」為目的，那恭喜你，很快就能找到一個適合的對象了。但若你還在想著要如何使她臣服於你的話，只會給你的競爭者製造更多機會。請搞清楚，沒有一個人天生該符合你的要求，別再要求她很完美。

未婚女：如果現在妳想要趕走他的話，妳可以再繼續凶下去，他已經對妳倔強的個性、妳慣用的命令方式產生不滿了，妳有想過這樣的對待方式，很容易造成他的壓力與不悅嗎？身為一個女人，妳是不是要改變一下做法，讓自己變得和悅、柔順一點，讓他覺得為妳做什麼事都心甘情願，這樣才可以相得益彰，創造出一段美好姻緣。

工作事業

以你的運勢來說，用「事事順心、事事如意」來形容，一點也不為過。如果你現在想要轉換跑道，想嘗試新的工作型態，不用再想了，可以付諸行動了。假設你現在有創業的念頭，最好與人合夥，因為單打獨鬥對你比較不利。又或者你想換個新的工作環境，也可以開始行動囉。因為運勢正好，你想做的事都可以有貴人的幫忙、提攜，如果可以有長輩給你建議的話，那會更好。不過唯一要提醒你注意的是，千萬不可因此得意忘形，高傲自負是最容易自毀前程的。

財運

現在的你運勢不錯，財運旺旺旺，有心想事成的狀態，不過要謹記，雖然現在運勢正好，錢財也來得快，但不要以為可以永遠保持現況。由奢入儉難，現在最忌諱得財容易散財快，開支花費要有節制才行，否則一旦運勢衰退才知道後悔也來不及了。偷偷告訴你我的經驗，有錢千萬別張揚，要不然某些小人就在你旁邊等著要劫你的財。

考試

如果你想讓考試的成績更好，應該去找一個成績比你好、或者成績與你相當的同學一起讀書，互相鼓勵，並參考彼此的讀書心得，想達到功成名就的目標也會比較簡單。

健康

以健康問題來看，應該是有旺火的現象，也就是說肝火會比較大，所以要多注意肝臟的保養，也要注意胃腸的消化系統以及循環系統。另外要提醒你注意的是，不可以憋尿，否則會有結石。總體來說，這不會造成很大的傷害，但是有病要趕快看醫生，才不會造成更大的問題。

訴訟

打官司最忌諱太衝動，既然事情已經發生了，當務之急是該想想如何做才能有圓滿的結局。事情不是靠凶就可以解決的，不要再與對方產生爭執，節外生枝，這對你來說也是最不利的舉動。現在的你，先想想是不是能請長輩居中協調，各退一步以求和解，當可皆大歡喜。

艮宮八卦

1　艮為山

艮者止也，停滯阻礙之象，艮卦內外皆為山，重重阻隔停滯不前。若能在行事遇阻停頓之時，審時度勢逐弊改革，重新出發必有一番新氣象。

運勢

最近你的運勢容易遭遇阻礙及受限制，眼下又沒有貴人可以挺身相助，就如同陷入泥沼而不能自拔，有寸步難行、舉步維艱的傾向。當務之急，應該是檢討自己在事件的開端和過程中有無任何的缺失，或是在「人和」的處理態度上產生不良的影響，然後再逐一改革，必能有效果。重要的是，請抱持最大的耐心，等候時機重新出發。

感情婚姻

已婚男：目前你們夫妻二人的相處關係應是處於冷戰低潮期。你雖然是一家之主，卻也顯得孤立無援，好像家中沒有人站在你這邊，原因在於你給人的感受過於自我，因而無法上下和睦，也讓你與另一半產生隔閡及對立的狀態。

已婚女：妳的努力並未得到對方的認同，反而讓他覺得妳自以為是、心高氣傲不可理喻，看來夫妻的感情真是重重阻隔。由於妳的脾氣較為剛強，也喜歡爭到底，經常一不小心就會意氣用事，導致兩人溝通不良。還是溫柔一點吧！

未婚男：談戀愛對你來說好像一件遙不可及的事，由於你的個性比較木訥，又不善言詞表達，很難打動對方的心，尤其現在這個時刻，不論在環境或時機上都對你產生很大的壓力。給你一個良心的建議，暫時先忘記這世界上有戀愛這回事，連想都不要想，先將你的未來計畫好，把自己的工作和事業基礎紮穩了，到時候還怕找不到女朋友嗎？

未婚女：妳喜歡的那個人，好像不怎麼領妳的情，其實目前妳談戀愛的時機不對，因為時運不濟，障礙、限制又很多，這會讓妳所有的付出及用心都付諸東流。就算妳充滿意志、堅定無比，一意孤行的下場肯定會讓妳搥胸頓足，理由是對方根本無法感應到妳的用心與誠意。與其如此，倒不如多替自己找一些快樂比較實在，等一個喜歡自己的人送上門不更好。

工作事業

最近，你即將獲得一次休息的機會，原因是你接下來要面對的事情，會讓你覺得諸事不順，有一種被孤立或身在高處不勝寒的感覺。此時最好的辦法是以不變應萬變。既是不變，選擇休息當不失為良策。不過這樣的休息最主要是請你耐心等候轉機，亦可趁此機會反省自己的過去及規畫未來的路程。別錯用了休息的定義，俗語說：「休息是為了走更長遠的路。」用意就是在此。

財運

這個答案可能會使你心痛喔！因為近來你會出現破財、損財、劫財的現象，也會有入不敷出的困境產生。在此特別懇請你要抱持輕鬆的心情面對，千金散盡也會有還復來的一天，不然就抱持著「花錢消災」來看待吧！

考試

這一次的考試運並非很好，成績既不是很理想，又會被身旁的小人拖累，會讓人有不知道該如何是好的感覺！勸你不要這麼早就放棄了，如果距離你的考試還有一段時間的話，建議你去找一個你願意聽他的話，而他也能管住你的長輩，請他在這段時間裡處處提醒你，時時督促你，如此或許有機會提高你的成績。

健康

你目前所處的時間點及環境，都會對你造成很大的壓力，促使你有煩惱過多的傾向，形成你身體上氣血循環的障礙，這樣一來很容易就會出現肩頸筋絡比較緊繃，呼吸道也會比較敏感，胃腸消化系統的功能也會趨於遲緩。怎麼辦呢？其實方法無他，現在的你只能接受已經發生的事實，盡量讓自己的情緒放鬆一點吧。

訴訟

這一次的事件說起來對你相當不利，雖然你覺得自己有理，卻因為你的道理反而讓自己陷於處處挨打的地位，毫無反擊之力。奉勸你：別再堅持了，退一步想才能海闊天空，識時務才能活得長久，趕快去求和了事，別替自己找麻煩，更不要為自己創造一個後悔的機會。

2 山火賁

賁為粉飾之象，意為太陽西沉。如夕陽的餘暉美麗短暫，但黑夜隨後來臨。也解釋為人只追求亮麗外表而相繼面臨的外在困難。或可能是內心空虛寂寞的感受。

運勢

目前的運勢就如同火山醞釀著爆發的危機，雖說爆發的一剎那是非常光彩奪目，可惜的是，這樣的燦爛並無法持久。因為真正的危機是在火山爆發後的災難，會使得在一旁觀賞美麗景象的人也陷入危機之中，甚至會拖住了前進的腳步。所以奉勸閣下要小心那些逢迎拍馬、趨炎附勢的小人，他們美麗的謊言將會蒙蔽了你的智慧。

感情婚姻

已婚男：你的感情忠誠嗎？如果只是為了逞一時之快，而不顧倫理道德，做了不該做的事情，是有失倫常的。如果事情還沒發生，那麼懸崖勒馬為時不晚；如果事情已然發生，那就趕緊善後別留下把柄。說真的，千萬不要為了一己之私而破壞了原有幸福美滿的婚姻。

已婚女：外面的世界雖然美麗，卻稍嫌不夠真實。別讓自己純真善良的本性被虛幻的假象迷惑了。夫妻間的相處如果碰到了問題，雙方應該開誠佈公，誠信以對才是解決問題的良方，千萬不要為了粉飾問題而創造假象的和平。逃避現實、追求短暫的心靈撫慰，只會做出讓自己後悔的事情而已，謹記！謹記！

未婚男：外在的美麗敵不過時間的摧殘，唯有真實的才能及內涵才經得起考驗。你是在選擇能與你共同面對未來的另一半，所以不必加入「外貌協會」，也不要因為貪圖一時的享樂，而導致人際關係的破壞。如果想享齊人之福，警告你：「齊人是苦不是福。」

未婚女：「自古紅顏多薄命，由來俊男皆無情」。以現代時下的新鮮人來看，年輕又多金的鑽石王老五好像人人都愛，但不見得這樣的對象適合每一個人。痴心如妳，若不能忍受其他女人像狂蜂浪蝶般圍繞在他身旁時，希望妳能慎重考慮，做出理性的抉擇，才能保障未來的幸福。

工作事業

「能者多勞」、「天將降大任於斯人也」雖然都是安慰詞，對你來說卻可能有用。你現在面臨的問題是壓力大、責任重，沒有貴人可以相助，亦沒有背景可以當靠山，凡事都得靠自己。雖然很苦，但忍耐是你目前能用的最大法寶，腳踏實地是你現在應該實施的對策，千萬不可心存妄想投機取巧，否則將會跌入萬丈深淵。

財運

目前你的財運看起來還不錯，可以有賺錢的機會，但就數量來看，卻有不足的現象，也就是說你出現了「入不敷出」的窘境。就好比中了彩券或小賭贏了一些錢，為了請客花掉你更多的錢，這樣就會應了一句「來匆匆去匆匆，前手接錢後手空」的過路財神現象。別為了爭一時的面子而失掉了裡子，後悔莫及的時候就會欲哭無淚。

考試

你目前的運氣不錯，對於這次考試的呼聲也很高，你應該也認為自己很有把握吧！不是我故意要打擊你，但是我仍然要本著良心提醒你，能夠腳踏實地最好，憑藉著自己的真才實學，或許尚有一絲上榜的機會。如果你經常都是投機取巧，採用臨時抱佛腳的態度，那名落孫山的機率肯定大增。

健康

表面上看起來，你好像沒什麼事，但身體實際上卻潛藏著極大的問題，健康有惡化的情形。提醒你，小病不醫就會累積成大病，別以為自己現在看起來沒什麼大礙，要多注意虛火旺盛，還有腫瘤或結石，趕快找個時間、找個機會去做檢查，或許還來得及治療。

訴訟

你可能覺得目前的事件對你比較有利，實際上並非如此，奉勸你盡快去找到對自己有利的時機，最好能利用剛開始時大家都還很客套的那段時間，速戰速決，或力求和解，否則時間拖久了，大家都會失去耐性，那時對雙方更為不利，很可能造成兩敗俱傷的場面。

3 山天大畜

大畜為剛健。日新其德。意為時機成熟前所遇的層層阻礙，若不能平心靜氣面對，爭強鬥狠將無濟於事。也解釋為自己還沒準備好就遭遇的磨難，是為了多培養學識內涵，以備大展鴻圖。

運勢

目前，你的運勢就好像是處於黎明前的狀態，在太陽還未完全出來前，應做好萬全的準備，用以迎接即將到來的挑戰。雖然將來會有好運途，但現階段仍反映出時機尚未完全成熟，因此目前尚不可太過急進；反而應該要先充實自己，培養實力，修身以養德，等待最佳時機的來臨，就可以大展鴻圖。

感情婚姻

已婚男：你們夫妻雙方的感情基礎應該很好，問題可能會出現在長輩或者其他的家人對於你們的生活模式不認同。如果真是這樣，那就是你的不對了，因為你的太太並非從小就在你們家長大，對於公婆與媳婦之間的生活相處模式，你應該要去扮演一個居中協調者的角色才是，這樣才能平息雙方面的不滿，也不會讓這些因素去破壞你們夫妻原有的感情。

已婚女：妳可能覺得自己很委屈，但要生長在不同環境的人，長期共同住在一個屋簷下，的確是難度很高，需要多一點的時間去適應，況且妳是嫁到別人家裡去的，總不能要別人一家子為了妳一個人而改變吧！提醒妳，多替先生想一想，他這樣夾在中間其實也是很難過的。奉勸妳多花一點時間，多用一些耐性去取得這家人的認同，將來你們才有幸福美滿的生活。

未婚男：如果現在是要論及婚嫁，時間上來說還未臻成熟，因為長輩對女方的認識尚且不足，還有很多可挑剔的空間。倒不如給他們多一點相處的機會，也可以讓雙方彼此都能有更深入的了解，來作為評估結婚的依據。假設雙方都通過了測驗，這時候再來談論婚嫁，我想應該可以皆大歡喜。

未婚女：妳應該是個孝順的孩子，又是個富有責任感的人，這是妳與生俱來的優點；但從戀愛的角度來說，卻變成了一種缺點。因為家庭的重擔及責任妳無法完全放下，在戀愛的過程甚至談到終身大事時，都會有一種無形的壓力，或是莫名的阻礙，讓妳難以抉擇。如果妳問我怎麼辦？我只能回答：「責任與壓力應該由男人來承擔，別再煩惱了！」

工作事業

對於富有工作熱誠的你來說，目前的工作狀況有如進入黎明前的黑暗狀態，若是貿然過於表現自己，反而容易招人嫉妒，還會有被人刻意打壓的現象。因為貴人助力尚未出現，長官或上司也無法賞識你的表現，所以現在應該是你充實自己、培養實力的最佳時機。若能再搭配多求「人和」以備在將來之用，一旦時機到來即可振翅高飛、大展鴻圖。

財運

目前的財運有收入與支出不平衡的現象，不過你也不必太擔心，這樣的情形並不會持續太久，在這段時間裡面，最好能為你的人際關係做些加分的動作，未來才會有更大的財祿空間。若是你想問的是偏財運，因為答案不好所以我不想寫，怕你看了會不開心。

考試

你的實力並不算差，可是考試出來的成績，卻不如你所預期的那樣理想，原因很簡單，你就是差了那麼一點點的運氣而已，也就因為如此，才會讓你的實力沒辦法做最完美的發揮，不過你也不必為了這樣惋惜，說不定下次的機會更好。

健康

依照目前的狀況看起來，你應該有操勞過度和積勞成疾的現象，而且症狀多半是消化系統及排泄系統的毛病，心臟部位會是一個潛在性的問題，也會有水腫的情形發生，這時候要建議你多休息，有空閒的時候要到戶外走一走，讓自己在身心上的壓力可以得到適當的解放，最後也最重要的是「有病要去看醫生」。

訴訟

目前的時機對你較不利，可能是你還沒有能夠掌握到對你比較有利的證據、條件，建議此時你不能太衝動，也不要以為有利於你的條件即將出現就沾沾自喜。勸你現在最好能多忍耐一點，用比較和諧的態度及氣氛去應對，應該就可以讓這件事圓滿落幕。

4 山澤損

損意為減損。其意為自己知道在事情完成後會得到最佳的利益，而長期努力地付出，但在過程中難免會面臨到不少的困苦和磨難，來耗損自己的心力使自己退縮。但若是自己不但不退縮，反倒竭盡自己所能把事情完成，則可得到最終的獲利。

運勢

目前你的運勢並非很理想，總覺得耗費的心力都毫無收穫，事倍功半，甚至有事事受阻礙的感覺。但請你不要太灰心，人生的路程本來就有起有落，目前最怕的是半途而廢，若是不能耐心守候、堅持下去，以往所做的一切努力就會化為烏有、付諸東流。

感情婚姻

已婚男：身為男人的你，對於主導權不在你身上這件事感到很為難！你感覺自己的所做所為及一切的用心不被認同，有時還有被刁難的現象。說到這裡，要請你先忍耐一點，你的太太有點固執，需要多一點時間來做溝通，所以你也不必過於動氣，按部就班，時日一久自然能被對方接受及認同；此時最忌諱自暴自棄，枉費長久以來所做的努力。

已婚女：妳的個性比較鬆散，為人又過於隨和，而妳的丈夫則是在生活上太認真，屬於一板一眼的人。或許他會有得理不饒人的現象，也可能妳的觀念及想法一時難以讓他接受。在這裡要提醒妳一句話：「路遙知馬力，日久見人心。」只要妳的理念正確，處處都是為這個家著想，總有一天會讓他感受到妳的用心與付出。千萬別輕言放棄。

未婚男：不用太著急，你的幽默及風趣還沒被發現而已，或許是場合不對，也可能是氣氛不對。也許是你的她覺得你不夠認真及真誠。千萬別灰心，你的實力及優點都還沒來得及表現呢！現在打退堂鼓太早了。在未來的日子裡，總有一天會讓對方知道你是一位真命天子。

未婚女：妳的對象應該有點自以為是，也有比較任性的現象，他一直覺得妳不夠符合他的條件需求。不過妳千萬別為了他改變自己；假設妳碰到的對象都需要做此改變來迎合他的需求，我擔心你永遠找不到一個真心的伴侶。繼續做妳自己就好，真心的對象喜歡的是真實的妳，放棄妳是對方的損失。

工作事業

你的真才實學尚未能開啟發揮，正處於進退兩難之際，想要放棄又不捨先前所做的努力，不放棄又好像看不到未來的光景。先看看我的建議再做決定不遲：雖然目前耗損心力，但如果你能堅持原則繼續努力，未來一定會有回報，如若不然，你就只能看著它前功盡棄了。

財運

最近好像有入不敷出的現象喔！花錢花太凶了吧！應該要稍做節制了，別妄想著會有意外之財，俗話說得好：「強求得來的錢財必定不能長久。」更何況怎樣得來的錢財，它就會怎樣失去，所以何必強求！順其自然，腳踏實地，不做無謂的花費自然就能渡過難關了。

考試

假如這一次的考試對你來說是非常重要的，那你只能做好心理準備，去接受這個殘酷的事實。我沒辦法說你能力不足，只能說你缺乏一點考運，尤其是現在這個時刻，面臨很多事情的壓力及考驗，讓你產生勞心勞力的狀況，所以你的實力無法正常發揮。不過你也不必因此就放棄希望，你應該要繼續堅持下去，再接再勵，下次的考試或許就會有好成績了。

健康

你最近應該是遇到了一些會讓你覺得頭疼的麻煩事哦！這些麻煩事會讓你感受到無比的壓力和沉重的負擔，造成你生活不正常，也會使你產生積勞成疾的現象，所以你的症狀多半會是脾胃不適、筋骨不順，消化及循環系統不正常。慎重地告訴你，再大的壓力及負擔都不應該打亂你原有的生活步調，再多金錢也買不回你的健康。

訴訟

目前狀況真的對你相當不利，也就是說所有證據的箭頭都指向你，因此要在這裡提醒你，千萬別大意，更不可以意氣用事，否則只會對自己造成更大的傷害。給你良心的建議，退一步海闊天空，忍一時風平浪靜，放低自己的身段，趕快去找對方和解，才能將傷害減到最低。

5 火澤睽

睽意為乖違，指二人的相處有如水火不融。在二人的觀念裡呈現的是背道而馳的狀態，心裡各懷鬼胎，行為讓人有陽奉陰違的感受。

運勢

近來你的運勢會出現諸事不順，事與願違的現象產生。你也會發現，在生活中與你有某些關係的人會從中破壞，阻撓事情的發展，使你產生挫敗感。說真的，任何人遇到這些事情，都會感到很沮喪，但建議此時的你最好安守本分，不要違逆時勢，更不可逞一時之快而強出頭，否則禍事隨即而來。

感情婚姻

已婚男：從結婚到現在，你對你的太太到底了解多少？你們之間做了良善的溝通了嗎？目前的問題是，對方已經有點不想再跟你生活在一起了，長輩對你的表現也不甚滿意。是不是應該要檢討一下雙方的生活模式是否有改善的空間？請用最誠懇的心情來協調與體諒對方。

已婚女：或許妳覺得自己還很年輕，但既然已經結婚了，就該收起那貪玩的心！雖然妳覺得自己在家裡的地位不高，又無法得到老人家的認同，這些都是可以經由時間及努力來改善的。就算是夫妻間的興趣不合，有同床異夢的現象，也都可以慢慢培養共同的興趣，建構未來共同的理想與目標。除非你們雙方都不願意再繼續下去，那我寫得再多也沒有意義！

未婚男：你到底喜歡對方哪一點，想清楚了沒有，再試著問自己看看，你是真的喜歡她嗎？還是你只是喜歡一個大家都覺得不錯的對象？如果你永遠都只是在追求別人認為好的對象，這種對象不見得適合你，婚姻可是一輩子的事，認真考慮一下吧！

未婚女：妳的他應該是大家眼裡公認的好人吧！可是你們之間的相處，就像是貼錯門神一樣的不搭調。既沒有共同的興趣，對於志向、理想及未來的目標，更像是兩條平行線一樣，就算走到盡頭都不會有交集。奉勸你們還是各自去尋找屬於自己的春天，若是一定要勉強在一起，那爭端與衝突就無可避免了——除非你們很喜歡、也能適應這樣吵鬧的生活。

工作事業

很抱歉，目前的工作事業運並不理想。可能是你並沒有很重視工作，抱持玩樂的心態；也可能是情非得已，所以常會有陽奉陰違的現象。如果你希望在工作或事業上有所表現，首先得改變自己的態度，在處理事情的時候，別再只求表面而不切實際。

財運

有句話說「人追錢隔重山」，表面上看起來像是很努力在賺錢，實際上卻是因應別人的要求而做出來的行為，跟自己的本意有背道而馳的現象。套上一句心理學常用的話「知足常樂」——錢夠用就好，過分追逐反而會帶來心理壓力，那生活就會很不快樂。

考試

因為自己的實力不足，讓你在面對考試的時候顯得手足無措，想要改變這個問題，就要找對讀書的方法，並抓到該讀的重點，而不是道聽塗說，看到考卷時才發現考題都很陌生！

健康

你大概會有勞心傷神的現象哦！所以會有氣血不足之慮，容易會有頭暈腦脹、胸悶、注意力不集中等徵兆，病症多在消化系統及循環代謝上，主要原因是心情放不開，情緒無法得到紓解，還有要記得看醫生的時候，說清楚你哪裡不舒服，以免發生誤診，浪費時間及金錢。

訴訟

你們雙方爭執的目標看起來好像不同，可是卻會在同一個時空背景之下，產生一種對立的關係，偏偏目前的運勢是另一方好像刻意要找你的麻煩，對你較不利，希望你能夠冷靜下來，向有智慧的長輩詢問意見，並切記不要因一時衝動做出後悔的事情。

6 天澤履

履有化險為夷之象。做人處事若能以謙卑隨和的禮儀待人，就算遇到兇惡的人也以和藹柔順的態度相對，就能平安化解一切困難。

運勢

目前的運勢是一種面臨險境的狀態，但如果在處理問題時得當，就可以化險為夷。因此在處理事情的過程中，必須要注意的是不可過分的執著，特別是在行事作風上要以謙卑隨和的心去對待，這樣更能得到貴人的相助。最後要特別告訴你的一點是：欲望是個無底深淵，千萬不可因貪圖享樂而造成悔恨。

感情婚姻

已婚男：適度的娛樂，可以調劑身心，更可增進夫妻間的情感；可是如果過分貪圖享樂，則會造成不切實際的現象。況且你們的問題存在已久，只是從來沒有正視它而已。你們雙方的個性差異大，處理事情的原則及觀念也不太一樣，生活模式也不同，這些都是你們的主要問題。趕快醒醒吧，否則這段婚姻恐怕維持不久。

已婚女：妳的那位「親愛的」，應該是在生活上比較缺乏情趣，才會讓妳覺得生活單調無味。或許他的個性務實，心思簡單，也或許是因為只顧著工作賺錢，而忽略冷落了妳，可是這種對家庭富有相當責任感的男人，在這個世界上已經快要絕種了耶！建議妳應該要好好把握這位「親愛的」，多給他一些引導，你們的生活會更美滿。

未婚男：情趣並非生活的主食，浪漫也不能當作正餐來食用。說真的，女人想要的也不外乎是一種真真實實的安全感，浪漫只需要偶爾出現即可。如果你只是一味追求那些浪漫的情趣、生活的享樂，枉顧了現實生活的存在，那別說是談戀愛了，我擔心你的未來足堪憂慮。

未婚女：妳好像有點自信不足的現象喔?!請不必擔心自己配不上他，更不需要擔心他會不會喜歡妳，勇敢一點，給自己機會，面對自己心儀的對象，然後大聲向他表白，這樣才能為自己爭取到好姻緣。就算失敗了，也不需要灰心，最起碼可以減少浪費時間，也減少浪費青春，讓妳自己早日尋覓下一個理想對象。

工作事業

最近是否碰到小人了，總覺得事情的發展屢受阻礙，一直無法順利進行？如果你為此感到困擾，建議你改變一下對人的態度，多說些好聽話給別人聽，選擇虛心受教，把姿態放低一點，應該可以改變現狀，促使事情順利發展。目前最怕狂妄自大、目中無人、堅持己見，這可能會引起其他人的不滿，從中作梗，你就會碰到很多的挫折阻擾。

財運

目前的財運並不是很優，雖然你總是很努力，但是效果不彰，無法達到預期的理想。對你而言，現在最重要的不是在創造財運，而是如何減省財源的支出。首先要從根本做起，改變生活模式，量入為出，做好經濟規畫，這樣才能有效控制金錢的狀態，不致落得入不敷出、捉襟見肘的窘境。

考試

你好像對這考試一點也不在乎的樣子，只是在附和著旁人及長輩對你的期望和要求，所以成績並不會很理想。不過還是有方法可以挽救的，那就是要能夠及時聽取長輩的指引及教導，或許還能創造出一絲的機會。

健康

這對你來說不是一個很大的問題，所以你也不必太過擔心，只是因為環境的問題以及一時的不小心而已，造成胃腸及腹腔的不適，下半身的筋骨及循環不順。這些都是很簡單也很容易處理的問題，就是生活作息要正常，飲食習慣要定時定量，好好調理養生就可以了。

訴訟

看來你不是很在意別人看你的眼光，不過我要告訴你的是，你越是用這種不在意的態度，在整個事件來說，越是對你不利，除非是你連牢獄之災都不在乎，那我就真的無話可說了。不過，就算我多嘴好了（有話不說是一件很痛苦的事），拜託你在這件事情的表現上謙和一點，應該就可以沒事了。

7 風澤中孚

孚為誠、信之意。指人若要心想事成，自己必先要以虛心與誠心待人，則別人必將以禮待之。若二人都以誠、信之心為合作處事基準，必能達到互存互榮的成功境界。

運勢

目前的運勢平平，若需要運勢更佳，就必須使用一點手段——仰仗別人的幫助，多採納他人的金玉良言，唯此才能在遭遇困難時逢凶化吉。絕對不可以一味堅持己見，這樣勢必會形成孤掌難鳴的現象，更會使自己坐困愁城。

感情婚姻

已婚男：你應該較有任性妄為的個性吧！或是你生長在一個受長輩疼愛的環境？難怪多少也帶點自以為是。告訴你，遇到難題就丟給父母當然可以有恃無恐，可是她何嘗不是父母的心肝？做夫妻的若不能雙方共同正視問題，互相溝通、互相體諒，只是拿著長輩當擋箭牌，恐怕這樣的關係也只是維持表象而已。

已婚女：懂得堅持，是一種耐性與毅力的表現，但也要合乎環境及場合，更何況妳面對的是一個有思考能力的人，就算對方真的做錯事情，也應該多給對方時間與機會，做適度的修正與改變，別老是抬出靠山，這樣真的無法維持長久關係。雙方的互動溝通，正確的引導才能建立互信互諒，如此才能徹底解決問題。

未婚男：說到感情這回事，你的表現顯得比較輕浮，在個性上也屬於像孩子氣那般的任性，所以你應該去找一個在個性及表現上都比你沉穩的對象，而且最好是她能帶領你、管得住你的，這種人在你未來的感情路或婚姻路上，才能給你比較實質的幫助，也希望在你與她的相處過程中，別再那麼任性了。你的身邊是否已經有了這樣的對象呢？

未婚女：妳的心還不是那麼的穩定，不過也不用太著急，因為時間和經歷是會讓妳改變的。如果妳的他可以像父親在帶女兒那樣疼愛妳、呵護妳，那先前所說的那個問題就不存在了。在這裡還是得提醒妳，雙方一定要以誠相待，最好能多聽長輩的意見，這應該會是一段美好的姻緣，但是別操之過急，感情的溫度如果上升得太快，反而會弄巧成拙。切記！

工作事業

你的工作出現危機了嗎？還是職位不保？如果你是因為職業倦怠想要跳槽，或者是另起爐灶開創事業，先告訴你目前時機尚未成熟，要暫停這樣的想法。此卦對於謀利方面甚不理想，貿然行動就得不償失了。保住目前的工作是你當下的要務，安守本分是保住工作的最佳法則，如果可以再運用親切及和順的態度，這樣更能增加長官上司對你的重視。說得更清楚一點，沒有人不喜歡聽好話。

財運

雖然目前的財運不算好，基本生活倒是不缺。如果想要有更進一步的財運或增加固定收入，則需要改變某些觀念及作法，然後循序漸進，最好能夠參考他人或長輩的建議，學習別人用過且有效的方式，應該會對自己有所幫助。吸收別人的經驗總好過自己去體驗吧！

考試

希望你平常在讀書的時候，就是很認真又很有效率的，因為平時的努力與辛勤才是這次考試能不能過關的重要關鍵，如果你都是在應付，想要靠臨時抱佛腳來金榜題名可就難了，平時的努力才是最重要的。

健康

平時你就不太會照顧自己，也不太會保養自己，所以你的體質比較虛弱，也就因為這樣你本身的抵抗力也會比較差，比較容易受到感冒風寒的侵害，進而影響四肢筋骨不順，也會有消化不良等症狀。最後還要提醒你，別亂服成藥，這樣對你沒好處，有病還是要去看醫生，要聽醫生的建議。

訴訟

目前的訴訟還看不出對你有利或不利，但我告訴你如何化險為夷，那就是要用和順親切的態度，跟對方的互動要以禮相待——這也是讓你致勝的關鍵。假如你一定要用強硬的態度，表現出氣勢凌人的樣子，那肯定會對自己造成傷害，要讓這件事圓滿解決也會很難。

8 風山漸

漸為進展之象。就如同小樹緩緩成長、進而枝芽翠綠蔭蔽眾人，不可能一夕間就成為一棵沉穩的百年老樹。人亦如此，若能把握機會、循序漸進邁向成功之路，運勢也會如此開展出來。

運勢

你的運勢有逐漸開展的情形。但是開運現象不可能一蹴可幾，而是要按部就班慢慢來，就像羅馬不是一天就能造成的，因此不必太過擔心，只要把握機會循序漸進，諸事當能順利進行，大展鴻圖之時當然也就指日可待。

感情婚姻

已婚男：你好像很喜歡挑剔對方哦！不管是行為上，或者處事作風上，或者觀念態度上，都可以成為你的挑剔目標。這樣處處被挑剔的生活，我想沒有一個人會受得了。這世界上沒有一個人是天生完美、毫無缺點的。凡事都必須經歷考驗及磨練，才能享受成熟的甜果。繼續這樣下去，夫妻二人只會漸行漸遠。

已婚女：雖然妳的所作所為都是為了妳的先生，希望他能更好，但畢竟他是個男人，必須維持面子與尊嚴。或者也該適應場合及氣氛，選擇用不同的方式來溝通，千萬不可用同一種模式，這樣會形成一種壓迫，也會對他造成一種無形的壓力。

未婚男：你的心裡或許已經有了設定的對象，不過你要不要先想一想，理想與現實的距離會不會相差太遠？是否有打高射炮的現象？建議你目標與理想不宜訂得太高，要不然就算是你的高射炮打中了目標，也不會有良好結局，頂多不過是一場短暫的戀情罷了。

未婚女：妳並非完全沒有優點，而且妳的優點也正在逐漸發酵中，常聽電視的廣告說「自信的女人最美」，所以不要對自己太沒有信心，這樣反而容易給人不好的印象——尤其是對於妳心儀的那一位，更應該展現妳的親和力，大方勇敢地表現自己，良緣自然就會出現。

工作事業

人人都會遇到一時的工作不順利，況且在工作中碰到難題，更能得到難得的學習機會。就怕因為碰到問題而情緒不佳，情緒不佳會左右你的思考方向，容易做出錯誤的判斷及決定。所以最好能用謙恭有禮的態度面對，那事情當可順利進行。

財運

就財運而言，目前雖然不能心想事成，也無法盡如人意，但是與理想目標也相去不遠，生活上瑣碎的開銷都還足以應付，所以我會告訴你：「別急！別急！」好運就快來了，千萬別因為情緒及壓力把你的財神爺趕走了。

考試

現在的你，是不是會覺得這一次考試可以很妥當的？跟你說哦！妥當有兩種，一種是真的妥當過關，另一種則是妥被「當」掉的。提醒你，如果你有自滿及自負的現象，千萬別因此馬失前蹄，那一點也不值得。

健康

先跟你說聲恭喜，如果你現在是有病症在身的話，應該會是在逐漸康復當中。但是還是得要提醒你，要按時就醫，也要記得按時吃藥，千萬不要因為身體有比較好，就想要偷懶不去看醫生，這樣可是會拖延病情哦！另外要提醒你，要多注意筋絡、呼吸道及腸道的保護和保養。

訴訟

目前看起來，情況似乎對你比較有利，即使是這樣，我仍然得要提醒你，千萬別因此就展現出一副得理不饒人的態度。告訴你，風水是會輪流轉的，十年河東十年河西，千萬不要讓別人有機會抓住自己的把柄，凡事還是以和為貴比較好，盡快讓事情圓滿落幕吧！

巽宮八卦

1 巽為風

巽者順從也，一陰伏於二陽之下，亦為順從亦為配合環境。依二陽而生，行事柔順且柔能剋剛，切莫過於順從而流於表面。

運勢

最近的你比較悶，做起事情來常常感覺備受限制，想法或行動老是有被壓抑的情況。在此提醒你，交朋友是一件很重要的事，而朋友對你的影響也很大，正所謂「近朱者赤、近墨者黑」，凡事還是要自己考慮清楚之後再下決定，千萬不要人云亦云，以免後悔也找不到哭訴的對象。

感情婚姻

已婚男：夫妻間難免會有意見不合的時候，在問題發生時，兩人首重開誠佈公，坦誠以對，徹底把每一次的問題解決，才不會產生同床異夢的現象。如果你為了不傷和氣，每次都只是客套地盲目附和，這不但解決不了問題，反而會讓兩人的距離愈來愈遠。

已婚女：妳認為自己像是一個被他管教的小孩，覺得他不像是在與妳溝通，反而好像是在管教下屬，導致妳有處處受到牽制的情況。告訴妳：妳的先生只是希望用不同的意見提醒妳，去做一些行為或思想觀念上的修正，他並不是在跟妳唱反調，別因為這樣去誤會他。

未婚男：試問，有個愛鬥嘴的女朋友，你覺得如何？反正你本來就不是一個很古板的人，如果要你正正經經談戀愛，應該會讓你很痛苦，注意四周看看，是不是也有個老是愛跟你鬥嘴的女生，或許她也是在用不同的方式跟你表白喔！

未婚女：妳是要交一個談得來的男朋友，還是要一個帶得出場的裝飾品？與人交往，首要條件在於真心誠意，如果妳只是覺得他的表象符合時下的要求，就盲目認定他就是妳未來的伴侶，可是很危險的。奉勸妳在選擇對象時，應該要重視彼此有深入的了解，這樣才能建立互相信任的基礎，多多參考旁觀者或長輩的建議也不錯。

工作事業

你現在正處於很無奈的工作環境中，好像做什麼事都覺得是「不得不」，不管要做任何決定，馬上都有人出面干涉或阻撓。由於你現在的運勢不佳，處於不穩定的狀態，所以會有處處受限的困擾，即使有什麼想法，又無奈於主控權在別人的身上，有點身不由己的感覺。以你目前的狀況來說，還是守好自己的本分，做好該做的事比較重要，其他的事就先交給時間吧。

財運

目前，你的財運時好時壞，好像在坐雲霄飛車一樣，突然有一大筆錢，可是有時又完全呈現沒有收入的狀況，這樣的財務狀況，是不是讓你也覺得很煩惱？提醒你，當你口袋裡有錢的時候，盡量想辦法把它留住，這對現在的你來說，應該算是最有建設性的良心之言喔！

考試

考試的時候最怕頭腦不清楚，思緒混亂，一緊張腦袋就一片空白，當然也就什麼都忘了。平常已經不怎麼用功了，偏偏你這次的考運欠佳，可能會出現吊車尾的下場了。

此外，不要一直怪別人在逼你，這些人也只是在替你的將來擔心而已，趕快念書吧！

健康

你的問題應該與中樞神經系統、肺及呼吸道的毛病相關，它也會影響到肝功能的正常運作喔！這樣看起來，病情比較會起伏不定，時好時壞，這些問題的原因就在你生活上的表現。如果你的生活習慣是正常的，而且是有節制的，那以上所說的病症，應該就不會出現了。

訴訟

目前的情勢對你非常不利，你在這件事情的處理上顯得渾沌不清、動向不明，連自己要訴求的目標好像都分不太清楚，這對打官司來說是很吃虧的一件事。要提醒你的是，因為情況對你不利，所以時間不宜久拖，拖太久會造成不好的結果，還是趕快想辦法，看能不能跟對方和解為上策。

2 風天小畜

畜者養精蓄銳也，自求充實待機而動。全卦只有一個陰爻，有情緒壓抑之象，苦不堪言，唯有蓄勢待機、修身養性方能撥雲見日。

運勢

如果現在你的內心已經有準備要好好衝刺的念頭，也想要開始有一番作為的話，容我潑一下冷水，請先將內心的火焰降溫一下，因為目前的運勢還處於有被壓制的狀態，還不是很適合的時候，現在的你，還是做好充實自己的準備，等待時機一到，就可以大展鴻圖，名利雙收。順便提醒你，如果因為一時的不順利就半途而廢的話，這樣就前功盡棄了。

感情婚姻

已婚男：小鹿亂撞的感覺又出現了嗎？看來，你的心已經在動搖了，如果需要我給你意見，當然是原配比較好，雖然新歡看來很搶手，也很有新鮮感，但也不能因為這樣而忘記了舊愛的特質及優點，要知道，她的條件也不錯，並不是沒人欣賞哦，貪心不足蛇吞象，不要以為神不知鬼不覺，小心弄得兩頭皆空。

已婚女：他的行為可能讓你失去信心，有極大的不安全感，讓妳有了求去的念頭。但是請不用擔心，因為他只是一時被外面的花花世界給迷惑了，一時迷失了自己，這時的妳就算再委屈，也要發揮妳的智慧，不要被旁人及現在的狀況所影響。如果妳現在就放棄，那只是讓別人稱心如意而已。

未婚男：大家都很清楚「理想對象」的標準，卻很少人知道，一個適合自己的對象，比一個大家都覺得棒的理想對象還要重要。「選擇」總是會使人矛盾，在你猶豫不決的時候，是不是先想想，自己到底清不清楚挑選對象的首要條件是什麼？假如你還是覺得很迷惑的話，就不要急著下決定，不然很容易錯失良緣。

未婚女：哇，你們兩位真可說是勢均力敵啊，雖然妳可能有眾多的追求者，可是妳欣賞的那個對象，他的優勢也不亞於妳，不要以為自己的條件比別人好就自豪，因為他的條件也不錯，相對的，他也是別人眼裡的對象，攻心為上，發揮女人應該有的溫柔來擄獲他的心吧。

工作事業

悶啊，一股低氣壓籠罩著你，做什麼都不對！雖然你覺得自己很有抱負、也很有才華，可是這個工作卻讓你有「英雄無用武之地」，還有不得不為了五斗米而折腰的無奈感。如果此時你心裡的委屈已到了臨界點，不斷想著「這只不過是一份工作嘛」、「此處不留爺、自有留爺處」的話，奉勸你千萬不要採取行動哦，請耐心等候時機，否則之前所做的努力及所受的委屈就都付之一炬，前功盡棄了。

財運

想要求財嗎？恭喜你啊，最近財運不錯哦，要求財的話有希望，不過只是小小加碼，如果你希望的是大筆財富，那很抱歉，並不能完全如你所願。在此提醒你，要小心注意錢財的使用，因為以你目前的運勢來說，會有小人劫財的狀況出現，要記得「財不露白」的原則。

考試

如果你近期之內就要考試，那我要告訴你，時間上可能來不及，因為你所抽到的占卜結果是考運欠佳。但假如離考試還有一段時間，有個辦法是可以稍微彌補，那就是趕快去找個補習班惡補一下，就當作是臨時抱佛腳，也可以替自己創造一點點的機會。

健康

你的問題應該是屬於慢性疾病的表現，而且病症不是非常的明顯，因此在這裡提醒你注意胃腸和排泄系統，還有下半身的筋絡及氣血循環，另外要告訴你，這些症狀多半是太過勞累形成的，所以能不能改善這些狀況就看你自己了。

訴訟

由於目前的狀況並不明朗，凡事不適合主動出擊，要採取保守、等待時機的策略，切記不可衝動或心急，以免節外生枝、惹出不必要的麻煩。現在還是靜觀其變，另謀解決的方法。

3 風火家人

家人者倫常齊備之象，和諧共處重在溝通。二爻五爻陰陽得位各司其職，人倫之常和睦相處，使一切都上軌道，凡事皆能順利正常運作。

運勢

目前你的運勢不錯，可說是諸事順利，處理事情上也不必花費太多心思，即可達到心想事成的效果。提醒你，如果你想要讓其他事情進行更順利的話，可以在人際關係上著手，趁現在的運勢不錯，把重心放在擴展人脈上，這樣就會有助於你日後的發展，在行事上也可以達到事半功倍的效果。

感情婚姻

已婚男：你是一個對家庭很重視的人，所做的種種都是出自於關心這個家。雖然她的個性比較大而化之，偶爾會忘了你的感受，不過這些都只是生活上的小細節而已，只要你們多多溝通，凡事只要不太計較，以家庭和諧為重心，一切問題就已不再是問題了。

已婚女：對女人來說，持家是一份重責大任，一對有共同未來性的夫妻，先決的條件就是雙方各自做好分內的工作，這才是共同組織一個家的基礎。妳可能會覺得先生的做法比較大男人主義，讓妳有點兒受不了，建議妳多發揮女性的柔順，適時與他溝通，凡事必能順利運作。

未婚男：你還沒注意到嗎？你尋尋覓覓的那個她，應該已經出現了哦，雖然沒有轟轟烈烈的感覺，你也不必那麼在意，因為平淡就是福，細水長流的感情才能持久，從平淡中去尋找屬於兩人的共同目標及對未來的理想，還有要提醒你的是，凡事不要太心急，小心「呷緊弄破碗」。

未婚女：可能他追求妳的方式太平淡無奇了，才會讓妳完全沒有感受到他正在追求妳，也可能妳覺得追求就應該要有令人驚喜的舉動才算數，其實，追求的方式沒有一定的標準及程序，只要妳能用心去體會他的誠意，這可是一段良緣，成為眷屬的機會相當大。

工作事業

目前，你的工作運勢還不錯，處理事情可說順利，就算遇到問題，也會有貴人適時出現、給予幫助，可以說是福德兼備。不過運勢好的時候，最怕太過志得意滿，要記得，與人相處一定要注重和諧、和睦，如果因為得勢就目中無人，這樣可是會替自己埋下禍根，種下日後失敗之因。這些都是老生常談，聽不聽也要看你自己。

財運

有沒有聽過一首歌叫做「財神到」？從你抽中的占卜卡來看，財神爺已經到你們家門口報到了，所以最近你的財運不錯，也因為有貴人的相助，對財富的增加會有提升的效果。在這段期間，如果有人主動告訴你投資的訊息，可以小試一下，不要等到錯失良機之後才懊悔不已。

考試

目前的考運還不錯，成績也應該可以如你的意，不過你比較容易粗心大意，常常因為自以為做好所有的準備就掉以輕心，其他的事就不太注意了。要記得「謙受益、滿招損」，自以為是可是你的致命傷，謹慎一點，要小心作答，不然到時因為粗心而與高分失之交臂，可是一件令人扼腕的事哦。

健康

你的健康狀況必須分成兩方面來說：假如你只是身體微恙，這種小毛病你就不用太擔心，注意調養即可痊癒；如果是大毛病，諸如心臟、肝臟、腎臟等重大的臟腑疾病，那我就得提醒你要注意了，因為這些毛病都會有久拖的可能性。

訴訟

這場官司對你來說，並不會是一件太難解決的事，因為你目前的運勢不錯，所以一切會有貴人出面相助，唯一要提醒你的是，不要以為自己占有優勢、有貴人相助就顯得不可一世，凡事還是要以和為貴、謙恭柔和一點比較好，這樣事情自然可以圓滿落幕。

4 風雷益

益者增也，順益之象，巽卦震卦皆屬木，有互相扶持跟隨之意，又風與雷皆是形容快速的，為相互增加其氣勢，當機會出現要順勢行動，切莫猶豫以免稍縱即逝。

運勢

現在的你，可以說是順風順水、氣運大增啊！有什麼想法，可以趕快付諸行動了，現在可說是最佳時機，不但可以行事順利，還有貴人相助，讓你有如虎添翼之效。唯一要提醒你注意的是，不要因為小有成就目中無人，得意忘形，這樣很容易惹人側目，也容易因為這樣而招人嫉妒。這時候你應該更加謙恭有禮、穩定內斂，才能保持運勢長紅。

感情婚姻

已婚男：你們應該是一對人人稱羨的夫妻，卻有一個潛在的危機：你們夫妻之間的相處會讓外人產生嫉妒。理由可能是你的老婆太好了，或者是你對你的老婆太好了，這可是會讓外人看起來很不順眼，更會激起想要從中分裂破壞的動機。所以你應該要小心，別聽信旁人的謠言，更不要因為這樣破壞了夫妻之間的感情。

已婚女：不要老是活在別人的眼光中，這樣的生活方式對你們夫妻並沒有好處，反而只會製造你們在相處上的困擾而已。其實夫妻間的相處及生活的模式，應該要重視的是兩人的感覺才對，誰對誰比較好這並不是重點。假如雙方面都是心甘情願去做的，而且可以活得開心又快樂，我想這比什麼都重要，你說是不是。

未婚男：有競爭才有進步，這也可以代表你的眼光不錯哦，懂得欣賞這樣的對象，也因為她的條件不差，所以會出現競爭者也就理所當然了。況且對方的實力與你不相上下，難怪你會這麼緊張了。不過，你也別氣餒，因為你多了一樣競爭者所沒有的優點，她可是滿欣賞你的哦，趕快拿出你的誠意來吧，勇敢去表現自己。

未婚女：看起來妳的行情不錯，有眾星拱月的現象，雖然身邊有不少等著排隊追求妳的人，可是在這些眾多的追求者裡，妳好像覺得他們沒有一個是妳心目中的理想對象。看來妳的心裡另有所屬，如果妳已經知道哪個是妳心目中的理想對象，主動一點吧，告訴他妳的心意，對方應該會有善意的回應。

工作事業

最近的你運勢很好，可以說是「一帆風順、諸事亨通」，無論在決策上或是處理公事，都會有貴人出面相助。現在的你無論是想要找新工作、或被挖角跳槽到新的工作環境，或者想要自己創業當老闆，都是個大好機會。還有，如果你想跟人合資合作，更可相輔相成，也是個很好的機會，別再等了，趕快行動吧！唯一有一點要提醒你的是，小心別落入別人設好的陷阱！

財運

當錢來得太順利的時候，往往都會忘了該想想如何把錢留住，對你這個常常容易忽略節制的人來說，更是不可能記得這個重點。如果朋友只是交來替你消耗錢財的話，那再好的財運也不夠用。如果你的個性會不好意思拒絕朋友，那我要提醒你，替自己找一個擋箭牌，用這個理由說「不」，才可以避免不必要的浪費與開支。

考試

雖然你目前的考運不太好，考試的成績可能不會讓你滿意，不過因為你本身的資質不錯，也有實力，所以即使考運不是很好，也不至於讓你的表現太差，目前還是把心思放在補充實力上，等待時機到來，就可有所發揮。順便提醒你，不要被壞同學拖著走，這樣可是會影響你的成績。

健康

目前只是隱藏式的病症，但也不可以因此掉以輕心哦，如果真的有身體不適的現象，還是建議你盡早做個檢查會比較安心，拖久了可就不好治療。然後要告訴你毛病會在哪些部位發生，會在胃腸及肺部呼吸道，下半身血氣循環也會比較不順暢，以上這些都是你該注意的。

訴訟

由於你們雙方都對各自的立場非常堅持，互不相讓，造成雙方僵持不下，官司也不會有圓滿的結果。如果你已經等得不耐煩了，也許在這個時候可以先釋出善意，主動提議採取和解的方式，或許可以加速結束這場官司的速度。

5 天雷無妄

無妄者隨勢演變，不為苟得不為幸免。乾卦在上有天威下行之意，萬物的生滅僅是自然現象而已。自然環境所形成的災害，是無法勉強改變的。

運勢

做人最怕不守本分，如果你老是在想著怎麼樣才能讓自己的運勢變好，本分之內的事都不做的話，這樣是不會有好運降臨的。相反的，如果你凡事能夠先想到做的事是否順應天理，事事都能接受別人的建議或長輩的教誨，不做非分之想，不貪圖本分之外的事，即使運勢不好，老天也會想辦法幫你的。

感情婚姻

已婚男：在這個家中，你老是表現出一副事不關己的態度，對於另一半的話也不是很在乎，難怪會引起對方的不滿。要知道，一個家庭的維持與經營，全家人都有份，如果你們無法在這個問題上達成共識與協議，那麼，勞燕分飛可能就是你們最後的下場。

已婚女：你們夫妻二人的個性應該都屬於比較剛強的吧！也正因為如此，才會營造不了和睦的氣氛。如果你們目前仍然採取這種針鋒相對的態度，那離異之途就會跟你們愈來愈近。可否請你們聽聽我的勸，好好坐下來心平氣和地談一談：談你們共同的未來、共同的理想，與你們之間如何共同和睦相處。

未婚男：如果現在的你已經不曉得要怎麼做，才能符合對方的要求，建議你暫緩一下你的付出，兩個人開誠佈公談一談。其實她也知道你對她的好，只是有些事或許兩個人會有不同的看法及見解，這並不是強迫自己附和對方的要求就有用的，真正去了解她的需要，才有繼續下去的動力。

未婚女：愛做夢的妳，也該醒醒了！妳總是想著對方要有什麼條件才能配得上妳，但有沒有想過，自己是否有什麼比得上別人的條件？告訴妳一件很重要的事，選擇對象還是要腳踏實地一點比較好，千萬不要作非分之想，以誠相待是很值得你考慮的重點，如果可以達成共識，共同成長，這樣才會有未來可言。

工作事業

目前你的工作運勢還不算差，只要你在工作的時候，記得凡事按部就班，多多順從長官的教誨，凡事多請教別人，這樣就可以保你事事順利。還有要記得做事不要踰矩，別太雞婆，把自己分內的事做好即可，也不要太急躁，不然很容易招惹不必要的麻煩。

財運

如果你現在有人邀你參加什麼投資計畫，或者自己想要做什麼增加財富的動作的話，麻煩請先等一等，目前對財運不佳的你來說，並不是一個很好的時機。而且現在不但不能有任何的投資計畫，還要把現有的錢財做一番規畫，不要做其他不該支出的花費，這樣才不至於落得入不敷出的倒楣樣。

考試

請問，你平常有沒有努力念書？有沒有把心思放在用功這件事上？你這次的考運並不理想，所以希望你就把它當作是一次經驗的累積，假如你平時就沒有把心力放在這上面的話，那麼勸你別想碰運氣了，因為碰運氣這件事還輪不到你，下一次考試一定要努力啊！

健康

你的個性似乎是比較急了一點，所以才會有精神壓力過大的現象，而這樣的情形便容易使你累積慢性疾病的症狀，諸如慢性心臟病、呼吸道器官等的問題。這些都還是可以解決的，你不需要太過擔心，只要你放鬆心情，靜心調養，個性上不要太過急躁，自然可以慢慢痊癒。不過依然要提醒你，有病還是要看醫生才好。

訴訟

現在的你，如果有強烈想要解決這個官司的決心，就要有心理準備了，因為以現在的狀況，對你來說並不適宜主動，加上你的個性很強硬，容易因為講不過人家就強詞奪理，這些都是對你很不利的舉動。如果要趕快解決這場官司的話，你還是採取低姿態，身段放軟一點，主動與對方提出和解的建議，這樣比較實在。

6 火雷噬嗑

噬嗑者咬物也。物貫上下之間，咬斷之後才能上下相接，意喻行事時多有阻礙，必須以剛柔並濟、果敢積極的態度方能排除萬難，迎向亨通之路。

運勢

你最近是否有做任何事都不太順利的感覺？好像每做一件事，都不能很完善地解決，一直有拖拖拉拉的情況出現？別擔心，這些是因為你目前剛好運氣不佳，才會導致事情容易有拖延或被阻礙的情況發生，不過你不必因為這樣而灰心，只要你能善用你的智慧與勇氣，剛柔並濟，情理法並施，方能排除萬難，迎向亨通之路。

感情婚姻

已婚男：雖然夫妻之間講求的是互相體諒、互相尊重，但你的枕邊人可能因為你的好脾氣，常常把事情丟給你處理，加上你又不是個會斤斤計較的人，所以可能有時讓你覺得她有點欺人太甚了。其實她只是因為你處處讓著她慣了，忘了想想你的感受，如果你能以寬宏大量的心去看待這件事情，兩個人坐下來好好溝通，用愛心去感化對方，找到彼此的共識，這樣才可以長長久久。

已婚女：妳現在有滿腹的委屈，覺得他常常給妳惹來很多不必要的麻煩，不但讓妳感覺壓力很大，還得要替他收拾善後。簡單說，他就是身在福中不知福，不過要提醒妳的是，他的個性比較不成熟，身為妻子的妳，需要多一點耐性及愛心，兩個人要經常溝通才會有共識，爭吵或強迫是行不通的。

未婚男：這位先生，看來你需要買顆「豹子膽」來吃吃！想要追女孩子，又怕這又怕那的，一點勇氣都沒有，這樣怎麼跨出第一步？個性比較保守的你，很容易想太多，瞻前顧後的結果，就是眼睜睜看著心儀的女孩被別人追走囉，不要再想了，提起你的勇氣來，好好表現自己才能獲得對方的青睞。

未婚女：妳最近是不是一直聽到與心上人有關的「可靠消息來源」?!小心，耳聞不見得都一定是真的，這可能是第三者想要逼退妳的一種方式喔！建議妳自己去查證一下事實的真相吧！如果妳只是因為人家的幾句話就放棄，剛好中了旁人的詭計。如果你認為他是妳心目中的理想對象的話，請妳一定要堅持下去，必定會有佳音。

工作事業

最近，你總覺得凡事都要靠同事來提醒，讓你產生矛盾及猶豫的感覺，也懷疑起自己的能力。是你真的什麼事都做不好嗎?這時候的你應該先靜下心來思考一下，是不是要再繼續聽這些所謂的「建言」?我想，你還是靠自己比較好吧，相信自己的能力，堅持自己的決定，這樣才能保證事情圓滿完成。

財運

目前你的財運還好，如果你最近有投資的計畫，最好能選擇屬於中長期型態的，因為投資初期可能會出現虧損。可是如果你能堅持下去，這個投資是會有獲利的機會，切記不要因為小小的損失就放棄或轉移目標，這樣不但沒有獲利，還會損耗錢財。

考試

看起來你目前的考運不是很好，很容易遇到一些意外的阻礙，比如考的都是沒看到的，或是一緊張就想不起答案。提醒你，考試的題目還是先看清楚一點再寫答案吧。還有另外一個辦法，就是找出住家的文昌位在哪裡，好好佈置調整一下。

健康

在你健康上所出現的影響，多半屬於比較勞累及壓力過大所引起的，提醒你要注意心臟血管方面的疾病，還有胃腸消化系統。如果萬一不幸有比較嚴重的情形，如腫瘤等的現象，建議你，去挨一刀可能是清除障礙的最佳辦法。

訴訟

如果可以的話，建議你不要再透過別人替你跟對方傳話了，因為現在的狀況對你相當不利，就算你想要用和解來解決事情，也會有小人從中作梗破壞。建議你與對方當事者面對面，軟硬兼施，把姿態放低一點，主動提出希望能以和解的方式來解決這件事，這樣或許有希望能快點解決這個官司。

7 山雷頤

頤者養身之道也，上下卦合起來有如口一般，進食者為養身也，若作廣義之釋，生命所求的不止於養身，亦須以語養德。

運勢

如果你覺得自己目前的運勢還不錯，那你就該懂得滿足了，正所謂「比上不足比下有餘」，人生不可能永遠都處於優勢，凡事一定有個循環，在運勢好的時候要懂得感恩及懷抱著隨時自我反省的態度，不要因為有了一點小小的成就，就得意忘形，這樣是很容易惹禍上身，造成自討苦吃的現象。

感情婚姻

已婚男：夫妻吵兩句很平常，但如果你覺得自己的理由十足，站得住腳，卻一直不肯讓步的話，只會造成雙方的情緒都很緊繃。或許你想趁此發揮一下男人的氣概，抒發平日積壓已久的情緒，但這是沒辦法解決你們的問題的。建議你，凡事還是要三思，話說出口前先考慮清楚，不要因為一時的不滿而自毀姻緣。

已婚女：如果妳因為看不到先生的作為，就產生滿腹的牢騷，凡事又對他百般挑剔，惡性循環之下，只會使他對妳及這個家產生一股莫大的壓力。建議妳施展一下智慧，放下妳的不滿，先跟他溝通一下，了解他的想法，進而達成兩人對未來的期望與共識，這樣才是真正的解決之道。

未婚男：要追求一個自己欣賞的對象，就要表現得像個能保護她的男人，凡事猶豫不決、扭扭捏捏的態度，會讓女生覺得你沒有大將之風，這樣人家躲著你也是無可厚非的。喜歡，就要表現得像一個男人，就要勇敢說出來。

未婚女：妳的條件還不錯，想必也是很多人的追求目標，但這些追求妳的人，妳好像也不是那麼中意，因為目前的正緣還沒到，所以妳的真命天子還沒有出現。不過，妳可以先告知身旁的朋友妳選擇對象的條件，這樣或許可以促使他早日出現。

工作事業

「懂得做人比努力做事重要」——雖然你的工作能力不差，可是你還有主管及同事，或許你的主張是對的，可是在義正詞嚴的時候，是不是要想一下這樣的言詞是不是會得罪了上司或長官？這些情況間接地也會影響到與同事之間的相處喔！反省一下吧，以免你的行為替自己招來小人的中傷，讓自己陷入未知的深淵中。

財運

現在最應該要注意的，是你對錢財的態度問題；別把砸錢當樂趣，認為花錢的是大爺，這種行為很快就會造成你在經濟上的匱乏。提醒你，不要老是一副財大氣粗的模樣，最好在說話時，言詞上多做修飾，態度要謙恭有禮，以確保在急難之時會有貴人來相助。

考試

你的成績應該屬於中等，如果你要面對的是重大的考試，那這樣的成績很可能不太足以應付這種場面，所以應該還有可以加強的空間，建議你再繼續努力用功。順便提醒你一個小撇步，假如距離這個考試還有一大段時間的話，去找個補習班衝刺一下會是個不錯的辦法！

健康

你的飲食習慣可能不是那麼正常，不是一餐吃太多，就是跟下一餐的時間相隔太久，這樣很容易就會增加胃腸消化系統的負擔，也容易因為咀嚼不當，造成對牙齒及口腔的傷害，所以要提醒你，如果真的是腸胃的問題，只要調整你的飲食習慣就好了。

訴訟

你們雙方都不肯讓步，如果繼續下去的話，官司不僅會拖很久，還很容易形成拉鋸的僵局。如果你想趕快解決的話，最好能先釋出你的善意，凡事不要再計較，並且最好能在言詞上多退一步。和顏悅色與對方提出和解的請求，就能最快解決問題。

8 山風蠱

蠱者亂象也，風本為流通之物而阻於山之下，其氣不通停滯不前，意喻積弊難改，如此現象若不早作修正，辛苦所建立的根基即將被毀，災難必接踵而至。

運勢

目前的你，不只是運勢亂而已，連你的心都很混亂，而且你有一種被壓制的現象，雖然你有意想要抗拒，可是很無奈，心有餘而力不足，很難衝破這個關卡。現在最好的辦法是趁早修正你的方向，改掉一些不好的習慣，這樣才有辦法走出那個困境。

感情婚姻

已婚男：如果你覺得什麼事都只要你做主就好了，只會造成大家攻擊的目標。即使你現在好像有發現這個原理，可是因為現在的婚姻狀態已經處於一片紊亂，導致你有想要放棄的念頭。其實，危機就是轉機，你何不先換個立場或心態去看待這個事件，跟她好好溝通，聽聽她的說法，或許會有新的啟發。

已婚女：妳是否注意到，好像有某種危機出現在你們的婚姻裡，讓你們現在的婚姻狀況走入險境的感覺？原因是否在於很多時候妳覺得兩個人已經是夫妻了，就忽略了生活還是要製造一下樂趣與情趣呢？想要改善你們的問題，現在最好能夠先從改變夫妻間的相處模式做起，盡量去協調兩人共同的理念。

未婚男：目前你的感情狀況有些複雜，雖然你的作為比較強勢，但是也難以避免三角戀情的形成。在這裡，我想要提醒你，你真的有能力處理這種複雜的關係嗎？或者你有自信自己一定是最後的勝利者？還是你願意聽我的建議，暫停一下腳步，檢討是否適合繼續這樣下去?!

未婚女：有句話說「女人不是弱者」，偏偏妳現在所碰到的是一個不明狀況的亂象，很可能一時失去了主見，不知道該怎麼決定才好。在這裡，我想要點醒妳：當妳進入一個前景茫茫，而無法掌握去向的環境時，建議妳還是離開那個環境比較好，別委屈自己，不要在那裡當一個不知何去何從的孤兒。

工作事業

希望你現在還只是處於「想」或「規畫中」的階段，因為從目前的狀況來看，你只適合以上這兩種，萬一你現在已經做好準備，要好好衝刺一番的話，請你最好能暫緩一切的動作，先看看你的計畫是不是適合現在的局勢，因為你現在正處於混亂的時期，整個局勢都在不明朗的狀態。如果貿然行動，不管你是想找新工作或是想要創立一番新事業，都將會是無利可圖的局面。

財運

現在你已經知道什麼叫做平時沒有做好規畫，胡亂花錢的下場了吧?!如果你還不曉得反省，還在等著財運何時會變好的話，那你就慢慢等吧！因為你的收支不平衡只會更加嚴重，導致經濟狀況捉襟見肘。還是趕快改變你的生活型態，凡事多為將來想想，不然難有輕鬆之日。

考試

這次的考試成績可能不會太好，主要的原因是你的考運不佳，應試的時候會有被擾亂的情況。不過，也不是全然沒機會，如果你可以放鬆心情以吸收經驗的態度應試，或許可以有意想不到的結果。

健康

你的生活型態好像不太正常，並且有鬱鬱不得志的現象，這可是會造成胸悶、氣不順，也會影響肝臟及消化排洩系統的正常運作。建議你最好能在平時多有休息養生的動作，別太忙了。

訴訟

如果你想要得到一個好的結果，就要有心理準備，與其要跟對方爭，倒不如主動爭取與對方和解的機會。因為以目前的運勢來說，沒有貴人可以幫助你，與其言語上的爭執，不如還是主動和解來得好，並且不要衝動，靜待時機，在這段期間不妨多做準備工作，以減少自己的傷害。

震宮八卦

1　震為雷

震者驚動之象，上下二卦之陽爻皆被陰爻包覆，壓力越大則爆發力越強，二震併合其勢威猛，所以震有春雷蓄勢待發之象。

運勢

你或許會覺得運勢不錯，事情都滿順利的。其實目前的運勢從外在來看是很好的，卻藏著隱憂。雖然你現在還感覺不到有什麼危機，可是要記得小人可是不會明著來的，建議你在處理事情的時候，凡事要先深思熟慮再做決定，一切以顧全大局為重，這樣才可以化阻力為助力，而這樣的做法也才會受到眾人的支持。

感情婚姻

已婚男：看來，你們兩位都很喜歡過著家庭如戰場的生活，吵架真的那麼好玩嗎？

太常吵架的話，可是會把兩個人的感情給吵掉的哦。如果你的個性又是比較沒有主見，常常聽到別人說了一些什麼就暴跳如雷，建議你發脾氣前，先多思考一下，不要這麼容易被人左右。

已婚女：對於每天要生活在同一個屋簷下的兩個人來說，吵架是多麼累人的事啊，再這樣下去，不但兩人可能會形同陌路，還有可能會發生其他的危機，進而影響妳的婚姻生活。如果妳還想改善你們之間的問題，請先了解：夫妻雙方一定要有共同的目標及理想，溝通也是一件很重要的事，趕快跟他好好聊聊吧！

未婚男：現在時代不同了，男女平等是一種趨勢，更是目前的現象，如果你仍然保有父系制度下的男人心態，再這麼樣自以為是，那麼你的戀愛期肯定不會長久，因為沒有一個女人會心甘情願受你的氣。改變一下你的觀念與脾氣會有好處的。

未婚女：雖然說現在是一個講究男女平等的世界，但是妳也不需要這麼堅持。談戀愛這回事，本來就沒有公平可言，總是一個要願打，另一個要願挨，這樣才能夠在相處上達成協調的效果。假如雙方都想爭取優勢，那麼你們只好各自再去找一個願意當挨打的另一半囉。想想看，如果每一次談戀愛的結果都是這樣，那妳有沒有想過要改變一下呢？

工作事業

假如你覺得現在所做的工作對你來說壓力很大，要繼續堅持下去哦，因為你的個性是要越給壓力，你發揮的潛能就越大，也會給你自己帶來不同的成就感。不過，如果現在的你打算投資或跳槽的話，目前的時機都不適合。假使有想要找新工作或者是自己創業的話，就必須看你平時對人際關係是否掌握得宜，如果你的人際關係能夠掌握得很好，就可以得到貴人相助。

財運

目前的財運正好，如果你現在正有投資的計畫，那你可以趕快付諸行動了。切記不要以為賺了錢就可以一直好運下去，要知道花無百日紅，人生的起落總是跟在我們身邊，所以要懂得見好就收，不要因為一時的獲利就得意忘形，錢財要能夠守得住才算是真的擁有。

考試

真的要加油了！因為你目前的考運不好，所以你會覺得即使做了再多的努力，考試的成績還是不理想，可是你不要因此而氣餒，還是要繼續保持你的實力，等待時機轉好的一日，就可以有所發揮。

健康

按照這個情況看起來，你的脾氣不太好哦！如果一旦有病情發生，很容易會時好時壞、起伏不定，也容易會有高血壓的症狀產生，另外要多注意肝肺、呼吸道氣管及鼻腔的保健。最好能將你的脾氣改改，這樣就沒那麼多的毛病了。

訴訟

雖然對方還沒找到怎麼對付你的強詞奪理，你也不要以為可以一直這樣氣勢凌人。那只是因為你現在的運氣不錯，而且對方的個性也比較老實，請勿過於得意忘形，事情還是趕快解決比較好，拖久了一定會對你不利，如果一定要拖上一段時間的話，趕快跟對方提出和解的建議才是上策。

2 雷地豫

豫者喜悅之象，雷動於天、萬物欣暢，大地充滿綠意，周遭一片生機。一年之計在於春，經過休養生息之後，就要開始勤於工作，萬物也開始滋長萌芽。

運勢

什麼？你現在還沒有感覺自己正順風而上嗎？那你不是太後知後覺，就是已經處於高峰而忘了當初的辛苦了。現在你的運勢不但很好，在行事方面更是處於順心如意的狀況，不過，千萬不要因此而自滿，也不可以因為事事順遂就出現狂妄自大的表現。還是把握目前的好時機，開創屬於自己的未來，這才是長久之計。

感情婚姻

已婚男：或許，你覺得為了獲得更高的職位、為了讓家人享有更優渥的生活，日以繼夜打拚是很應該的，可是你好像忽略掉是不是該關心一下你的妻子的感受。因為你可能太投入工作而忘了妻子的存在，還會認為她所做的一切都是應該的。先暫時放下工作，跟妻子好好聊聊吧，不然她可能等不到與你分享成功的果實哦。

已婚女：你們夫妻二人的感情還不錯，彼此也都可以相處得很好。只是妳可能覺得妳先生的處事態度比較不務實，常常會有天馬行空的想法，好像有一點幼稚，讓妳覺得有點苦惱。其實，對你們來說，這並不是什麼太大的問題，只要妳能用用妳的智慧，在他又開始發表不切實際的理論或想法時，適時導正他就好了。

未婚男：這位先生，你好像有些貪心喔！雖然可能有好幾個對象可以讓你挑選，可是你還在想著「尋找百分百完美女性」這種不合邏輯的事，小心偷雞不成蝕把米，一個都沒有。其實你的心中已經有中意的對象了，只是因為你自己要求過多，這樣下去，你可能會讓自己陷入迷思而不曉得如何是好。

未婚女：妳可能有兩個以上的追求者，以妳的個性應可以專心一意對待妳所欣賞的對象，只是妳那溫柔婉約、善解人意的態度，可能會引起別人對妳的誤解，以為妳對他也是有意思。建議妳在行為上必須要有所節制，在談戀愛的過程裡，雖然可能會有點波折，多多包容別人的錯誤應該可以化解一切的危機及困難。

工作事業

你的工作情況不錯，而且目前是個時機大好、有利可圖的時候，你會發現在做任何事情上，都會有得心應手的感覺。現在的你只要可以懂得把握時機，想要大有作為，不是不可能的事。在這裡建議你一件事，當你在獲得成就的時候，千萬不可以此自滿，免得過於得意忘形，這樣可是會造成樂極生悲的後果。

財運

目前的財運不錯，可說是有財氣亨通的現象，提醒你，千萬不可以因為財運得勢，就太志得意滿，如果是有投資的動作，要注意後續的發展，否則錢財不能守成，這樣會導致功虧一簣。另外還要提醒你一件非常重要的事情是：不要因為錢來得容易就貪圖享樂、恣意浪費，以免到頭來後悔已經來不及啦！

考試

在說這次的考運之前，先跟你說聲恭喜，以目前的運勢來說，呈現的是「喜悅之象」，因為你的考運不錯，加上你平時有努力用功的關係，要金榜題名並非難事，如果可以的話，最好能搭配陽宅文昌位的佈置擺設，這樣更能達到事半功倍的效用。

健康

假如你有過度疲勞的現象，會影響到情緒起伏不定，這樣容易產生肝臟的疾病，也會使胃腸消化系統失調，呼吸道會有過敏的現象，還是要多注意自己的健康，別讓自己操勞過度。

訴訟

雖然這場官司占優勢的人是你，可是也不能因為這樣就氣勢凌人，提醒你請注意自己的態度，不可以表現得過於強勢，要知道「人前留一線，日後好相見」，你這次可當作順勢為自己的將來鋪路。也順便提醒你，如果可以的話，用和解的方式，可以為你的將來創造一個朋友或者貴人。

3 雷水解

解者脫困也，震雷為春之意、坎水為冬之境，春雷響起寒水解凍。意喻冬去春來、霉運已過，新的契機重新降臨，正是一展鴻圖的機會。

運勢

如果你覺得自己好像處於被束縛的感覺，做什麼事都不太順利，不用太擔心，你的運勢已經在好轉中了，所有會困擾你的事情都將有漸漸擺脫的現象。在這當下，即使遇到難以解決的問題，也會因為得到貴人相助可化解一切，唯一需要特別注意的是，千萬不要因為情勢好轉就過於追逐名利，否則終將重蹈覆轍而陷於困境之中。

感情婚姻

已婚男：俗話說「男主外，女主內」，但夫妻的相處並沒有固定的模式可以遵循，只要雙方都能在相處上獲得最大的喜悅與滿足，那誰主外誰主內又有什麼好計較的？你們應該是一對恩愛的夫妻，千萬別為了誰要作主的這種小事起爭執，尤其是現在是男女平等的世界，如果你想要白頭偕老，這個迷思你一定要把它解開。

已婚女：妳是一個賢妻良母，只是個性稍嫌強硬、固執一點，小心因為這樣的原因，造成與先生之間的不悅，甚至會導引第三者的介入喔！不過這並不是一個很難解決的問題，只要妳的個性能稍微調整一下、觀念上別再那麼樣的固執，這樣一來，你們之間的難關與問題都可迎刃而解。

未婚男：如果你現在已經有對象的話，應該把心思放在如何經營兩人的感情及培養兩人共同的未來目標及理想，千萬不要朝秦暮楚、心思不定，還在想著另一個她，否則會有兩頭空的現象，腳踏兩船可是很難受的。又假設你現在還沒有對象的話，你可以對你心儀已久的人展開攻勢了，只要用你的勇氣及誠心去打動對方，脫離單身之路就不遠囉。

未婚女：如果妳覺得這次的事件完全只是個誤會，那現在的當務之急，不是關起門來生悶氣，而應該是要兩個人心平氣和、開誠佈公地把事情說清楚。如果在這時候你們還互不相讓，可能會造成競爭對手趁虛而入，使你們感情破裂、無法收拾，到時後悔也來不及了。

工作事業

目前的工作運勢不錯，有事事順心的感覺，而且因為你的能力發揮得當，升職的機會大增。假設你計畫想要跳槽的話，可以付諸行動了，現在是個好時機。又或者你有想要自己創業的想法，提醒你，必須在事前先做好規畫，仔細評估，這樣才不會功虧一簣。

財運

終於給你等到囉，如果你一直在期待財運何時才會好轉的話，要恭喜你了，目前你的財運正在慢慢好轉中，如果可以好好把握現在的時機，應該可以累積到一筆為數不小的財富哦。不過，千萬不可循利營私，正當行業所賺來的錢才能夠光明正大，否則會得不償失。

考試

這次的考試成績不錯哦，因為你的考運還不錯，而且加上你平日也很用功，得到好成績也是理所當然的。不過不要太開心了，還是趕快複習比較要緊哦，如果你想讓你的成績更加理想，去補習班不失為一個好方法。

健康

關於健康問題，請不必太過操心，只要多注意氣管呼吸道及腸道的保養，並小心肝功能是否正常，應無大礙。千萬別讓自己太過勞累傷神引起身體不適，提醒你要好好保護自己的身體，因為健康才是最大的財富。

訴訟

目前，你在訴訟方面的運勢並不是很好，這場官司對你來說優勢並不大，以現在的局勢看來，你還是趕緊主動與對方提議用和解的方式來解決，或者是花點錢擋掉這個災劫，這樣應該是最好的辦法。

4 雷風恆

恆為長久安定之象。雷動而巽風生起，相互配合，循其軌道運作而有永久不變之情形。

運勢

如果你覺得現在的運氣不太好，做事情不太順利的話，不用擔心，因為這些現象只是暫時的，你的好運已經要來臨了。接下來，你的運勢可以說是好運臨頭，所以如果有小小的不順心，那也不會很久，在這裡建議你，不要太心急，凡事只要以守為攻、以退為進，在做事情上只要你按部就班就是一個明智之舉。切記不要太過急躁衝動，否則會很容易搞砸事情而讓自己後悔。

感情婚姻

已婚男：夫妻吵架在所難免，不要因為這樣，就意氣用事地亂下決定哦。你們的感情還不錯，也算是天賜良緣，未來還有很長的路等著你們，如果連這小小的考驗都過不了，那你可能要檢討一下，是不是自己的生活智慧不夠高？建議你，找個時間和她好好聊聊吧，溝通一下彼此的想法，這樣才是真正的解決之道，不要糟蹋了這一段可以白首偕老的機會。

已婚女：人生在世，當然不可能事事盡如人意，「比上不足、比下有餘」，如果老是想著對方的缺點，那妳也永遠看不到他的優點了。要懂得逆向思考，如果老是繞著同一個軌道打轉，這樣的人生會不會太辛苦了？夫妻相處最重要的是能夠發揮所長，截長補短，如此才可以達到互補的效果。

未婚男：不必擔心交不到女朋友，更不用害怕沒人喜歡你，如果你會這樣想，可能是你的自信心不足。假如你目前還沒交到女朋友，別緊張，喜歡你的人很快就會出現了。假如你現在已經有對象了，記得細水長流比較好，也千萬別為了對方改變你自己，做你原來的自己就好，這樣你們的這一杯喜酒很快就會釀好了。

未婚女：平凡就是幸福，談戀愛不見得要有轟轟烈烈的過程，小火慢燉才能熬出好味道來。如果妳只是一味想追求剎那的光輝閃耀，或是一直在乎對方為妳付出多少，那我想這段戀情大概不適合妳，因為妳目前或者即將要面對的是一段平淡無奇的感情路，如果雙方都能秉持細水長流的態度，那步入紅毯就指日可待了。

工作事業

你應該是個上班族或者是有一份穩固工作的人，目前的工作還挺適合你的。如果你現在有創業的念頭或想要另謀他就的話，現在的時機並不適宜。因為以你現在的運勢來說，只適合保持現狀，凡事採取循序漸進的態度為佳，千萬不要聽信別人的勸說，為了貪一時之利而蠢蠢欲動，這樣只會造成不良的影響。

財運

你現在的財運可說是滿順遂的，不過這個財運狀況，是單指你的正常收入來講，而不是指投資喔！假如你不是有那麼大的野心及欲望，你的生活當不至於有煩憂，但是如果你是要投資的話，那就不適合了，因為目前在投資方面並不會增加你的財富。

考試

考試這種事，雖然有部分的運氣問題，可是平時不念書的人，連一點實力都沒有，哪能妄想只憑運氣去考試呢？如果還有時間的話，還是趕快惡補一下比較重要，因為你要面對的這個考試講究的可是實力呢！

健康

你的病症應該大多屬於潛伏性的慢性宿疾，比如說像胃腸消化及排泄系統，呼吸道及氣管問題等等，這些都是你該注意的潛在問題。在此建議你要多運動，保持情緒的穩定也很重要，這樣才不會讓自己受罪。

訴訟

以你的運勢來說，目前並不適合主動出擊，因為現在的情況並不明朗，所以建議你以靜制動，看看對方的態度再做決定，而且等待的這段時間，更能讓你看清楚事情的始末，這樣比較有可能得到對自己有利的結果。

5 地風升

升者進也，上卦坤有包容萬物、下卦巽者依順成長之象，此卦含意只要時機一到，有實力內涵者期望可成。

運勢

你好像覺得自己的運勢並不是很好，連個可以幫助你的人都沒有?!其實，你該把注意力放在你自己身上，先檢討一下自己，是不是沒有什麼真才實學？一個連根基都不穩固的人，就算人家想要給你機會，你也不見得能做得好，更何況是幫你一把呢？別再埋怨別人不幫你了，還是趕緊充實自己的實力，請記得「自助而後人助，再來才可能會有天助」。

感情婚姻

已婚男：你們夫妻的立場應該是一樣的，都是為了讓這個家更好而努力，而你們的意見也應該可以相容相合才對，在互相對待的感情上也要越來越好才是，可是身為先生的你，可能為了堅持地位這種小事動怒，這樣可是會破壞你們之間的和諧，一旦婚姻的裂縫產生了，想要彌補可就沒那麼容易了。

已婚女：你們的婚姻可用天賜良緣來形容，夫妻之間感情也不錯，將來若有不愉快，主要問題在於你們倆相互爭取主導權，或者是互相推卸責任，萬一不幸有這樣的情形，建議妳先暫停你們之間的爭執，想想你們的未來，或許坐下來談一談，可以理出一點頭緒來，也可以創造共同的理想目標。

未婚者：其實多數的人在感情路上，都希望找到一個跟自己志趣相投、個性相彷，對未來的目標與理想有共同方向的人。但是你有沒有想過，這個理想與現實的契合度是多少？當中又可能遭遇多少問題要去面對？提醒你，理想國的模式永遠不可能出現在現實生活中，你必須要有這種認知，感情路才不會一直遭遇險阻。

未婚女：妳應該是一個才德兼備的女人，而擁有這些好條件的妳，要找到一個好男人來當伴侶應該也不是一件難事，只是好像妳喜歡的對象，同時也是別人追求的目標，所以按照這樣的情形來看，在交往的過程中妳會比較辛苦一點，不過沒關係，妳的優點及優勢正在逐漸發酵中，一定會讓對方發現選擇妳才是最正確的。

工作事業

想跳槽？免談！想轉換跑道？不可以！如果目前的你是有工作的話，請你繼續做下去，因為這是一個可以有穩定發展空間的工作，只要你按部就班、循序漸進，必定可以達成你心目中的願望及你所設定的目標。但切記一點，千萬不要犯了「操之過急」這個毛病，急躁會使你的工作產生「弄巧成拙」的情況，這樣就很可能會出現危機囉。

財運

你的財運目前屬細水長流型，錢財進帳的速度，可能慢到連你自己都不太曉得。不過你也不必太擔心，細水長流總比一灘停滯不前的水好啊，只要你能詳加規畫，把錢財守住，假以時日必能展現助力與作用。如果想靠樂透發財，很抱歉啦，現在的你可沒那個運喔！

考試

如果你目前應試的是專業科目，那先恭喜你，這次的成績應該不錯，金榜題名的機率頗高。可是，如果你這次要考的只是一般學科的話，趕快拿起你的書本吧，因為離理想分數還有一段差距唷，還需要你自己努力加把勁呢。

健康

目前，你的健康問題可能出現在兩處，一個在胸腔，另一個在腹腔。胸腔位置指的是肺及呼吸道，所以鼻子也會受影響；腹腔的部位是胃腸消化排泄系統，還有中樞神經系統及筋絡問題。如果你在這些部位已經產生症狀了，建議你及早就醫檢查，因為卦中顯現有病情加重的可能性。

訴訟

目前，你和對方都認為自己才是對的，互不相讓！如果為了長遠來看，你有必要執著在這個點上與他爭執嗎？想要有個圓滿的結果，建議你最好能先釋出善意，退一步海闊天空，自行先提出和解的要求，與對方達成共識，速戰速決，不要拖延，否則對自己較為不利。

6 水風井

井為付出之象，水源為人類生命的依靠。巽風為動態陷落坎水之下，代表自己的付出毫無收穫，亦可表示目前所做的努力可能白忙一場。

運勢

現在的運勢正處於下坡的階段，容易遇到困難，也無法得到別人的幫助，讓你有一種壯志難伸的感覺。千萬別因此而灰心，把遇到的挫折及困難當作是一個磨鍊自己的機會，這樣才能培養你開闊的心胸。建議你在做任何事之前，先計畫好，只要有計畫性的循序漸進，事情必然會有好轉的現象。切記，不要操之過急，不然容易造成白忙一場的現象。

感情婚姻

已婚男：你覺得自己的付出已經超級多了，為什麼她還是無法感受你的心意呢？我想給你個建議，暫且停止你的疑惑，先跟她好好溝通一下，了解她想要什麼樣的對待方式，或者，她是否覺得你做了哪些事讓她覺得不舒服，甚至感到有壓力。開門見山地好好談一談吧，讓雙方的氣氛舒緩一下，或許可以讓情況有所改變。

已婚女：妳也感覺到你們之間的鴻溝了嗎？雖然說是枕邊人，可是兩個人好像相看討厭，更不要說共識了，怎麼會這樣？問問妳自己吧！他不是妳的屬下，更不是妳的小孩，如果他看不到身為太太應該有的溫柔婉約，而老是看到一個對他展現出女強人氣勢的女人，將會使他的壓力愈來愈大——這些妳想過嗎？

未婚男：速食愛情對現在的人來說，似乎不值得大驚小怪，但這種方式卻不適合你，因為不管是你正在交往的，或者是正打算要追求的那一位，在個性上是屬於比較保守的，必須要慢條斯理地進行才可以，如果你的腳步衝得太快，反而會引起對方的不滿，更會讓她誤會你是有企圖的。

未婚女：雖然俗話說「男追女隔重山，女追男隔層紗」，卻也不能因為妳占有優勢，就想事事都要主導。別忘記了妳是一個女人，而妳要面對的是一個男人，他可是有最基本的尊嚴及面子要維護喔！建議妳要當一個聰明的女人，別什麼事都要爭著表現，要施以計畫性的誘導，然後循序漸進，你們才能譜出協調的樂章。

工作事業

你的個性好像是個比較急躁的人哦?!依照你目前的運勢來說，性子急躁只會造成身先士卒的下場，如果你是想要創業或跳槽的話，還是先緩緩這個想法吧！現在的你並不適合過於急躁的做這個決定，因為你的貴人尚未出現，時機也還未成熟，你還是靜候時機，做好目前的工作，或許會有意想不到的收穫。

財運

用「心有餘而力不足」這句話來形容你目前的財運狀況，應該是最貼切的。你現在的運勢並不佳，所以想要求財不是一件簡單的事，你能做的頂多是守成，把所有的計畫先暫停，先規畫出你現有的錢財及必須要運用的項目，這樣才可以度過這一段時間，等到運勢好轉的時候再把握機會去做其他的投資。

考試

這次的考運並不是很好，如果距離考試還有一段時間的話，以你的實力，多加努力或許還可以增加一些分數。提醒你，如果你這次的考試有考到專業科目的話，建議你不要自己埋頭苦「看」，趕快請教對這個科目擅長的同學，這樣才能有助於成績的進展。

健康

你會胸悶嗎？會感覺氣不順嗎？如果你有胸膈不寬、心情鬱悶的現象，也會有胸骨疼痛、呼吸道不順暢，易咳嗽；還有肺部的傷容易影響腎功能的正常運作哦！如果真的是身體的狀況，建議你盡早就醫，如果是情緒問題，我想你應該去找個能開導你的人談一談。

訴訟

在整個形勢上，你應該可以說是略占上風的，可是千萬不要因此得意，你應該也想要整件事有個圓滿的落幕吧！在此建議你，為了避免夜長夢多，趕快在自己的運勢及條件都不錯的時候，趁此機會主動跟對方提出和解的要求，以免時間拖太久而生變。

7 澤風大過

大過者過度之意，過與不及皆不利，中國人講究中庸之道，巽木居於水澤之下，不得相輔反成其害，過多的水反而讓樹木腐爛了。

運勢

你現在正處於一個對自己不太有利的大環境裡，如果你還沒有察覺到身邊即將發生或已經正在發生的危機，你可能要謹慎一點了，近來可能會有一些未知的挑戰等著你，而你所處的環境又處處險象環生。建議目前運勢不如意的你，凡事最好還是要收斂，鋒芒不要太露，不要想去做無謂的爭奪，忍一時氣可保百年身。

感情婚姻

已婚男：你是否覺得你的出發點都是為了兩個人好，為什麼她不但無法感受你的用心，還常常在你盡心做事之後去挑你的毛病？其實你也不能完全怪她，因為你本身的行事作風常常讓人覺得無法適從，對她來說，你做的事容易讓她覺得不舒服，進而跟你產生對立的現象。趕快跟她溝通一下，凡事說清楚、講明白，幸福自然來。

已婚女：「魚與熊掌不可兼得」，如果妳想當一個武則天，那妳就不可能當好一個賢內助，假如妳事事都自己拿主意，掌握主控權，這種強勢的做法，只會讓他不想與妳產生爭端而隱忍退讓。夫妻兩人如果因為這樣而失去了溝通管道，很容易形成對立狀態，也會影響婚姻喔！

未婚男：如果你現在沒有女朋友，應該可以過上一段輕鬆的日子。如果你現在有女朋友，你的日子可就不是那麼好過了，可能會因為溝通不良，無法取得共同的立場，也可能因為雙方對經濟問題的看法不同而產生意見分歧。提醒你，做人不要太執著，凡事適可而止就好，過分的表現反而會形成多此一舉的現象。

未婚女：妳現在應該壓力很大吧！總覺得有莫大的重擔扛在身上！原因在於妳太雞婆，管太多妳不該管的事，而對方又不是那麼好溝通的人，小心妳花了那麼多的心思在上面，會不會到時候變成白費心機？給妳一個良心的建議，別勉強自己做能力以外的事情，也別管太多不該管的事，免得到時候吃力不討好。

工作事業

你目前在工作上的壓力很大，不但勞力又勞心，卻不得不為了五斗米而折腰，不過因為你現在的運勢不佳，如果有想要發展新工作或者是自行創業的話，勸你要三思。以現在的運勢來說，你並不適合有任何的異動，建議你現在還是把心思放在自我成長或充實自己的實力，等待適當的時機再做決定，千萬不要因為煩躁不安及承受不了過大的壓力而做了錯誤的決定。

財運

用「屋漏偏逢連夜雨」這句話來形容你目前的財運狀況，應該很貼切，因為你目前的運勢不佳，所以在錢財上會覺得很拮据，也會有捉襟見肘的情況出現，甚至沒有辦法平衡開支。還是省著點，把必要的開支先列出來，不要做無謂的浪費，忍耐一點、辛苦一點，度過這段日子再說吧。

考試

想要考試的成績理想，首先要知道一件事，你所處的環境會讓你不容易下決心去訂定一個目標，如果你能在考試之前先定下目標的話，那你的成績必定可以如你預期般的理想。我知道這對你來說不是一件容易的事，不過還是建議你，先把目標確定之後再好好努力吧。

健康

你的健康狀況跟生活習慣有著莫大的關係，比如說操勞過度肯定會影響肝臟的正常功能；飲食習慣不好就會造成腸胃上的負擔，尤其會在消化系統上造成困擾，像是便祕或是拉肚子，所以還是養成良好的生活習慣才是對健康最大的幫助。

訴訟

不妙，這場官司的勝算渺小，因為以目前的情勢來說，看不到有利於你的條件，而且狀況似乎對對方比較有利，如果想要減少損失的話，建議你還是趁早主動提出和解比較好。而且最好能夠低聲下氣，施展哀兵政策，或許能夠因而博取同情，早日將事情圓滿解決。

8 澤雷隨

隨者和順之象也，兑卦為陰柔亦為喜悅，震卦為陽剛之意，其喻為有能之人亦能虛心就教於他人之意見，眾人必能臣服，其行不能不成矣。

運勢

目前你的運勢不算好也不算差，如果想要讓你的運勢能夠有所增長的話，你就必須凡事要順應時勢、人情，在處理事情上，要記得事事尊重他人的意見，要能相互配合，這樣才可以有成功的機會。但是別為了事事都要遷就他人而失去自我，亦得明辨是非才不致招惹禍端。

感情婚姻

已婚男：夫唱婦隨是一件讓人羨慕的事，但如果變成了婦唱夫隨，那就可能會引起旁人異樣的眼光。男人的天職是必須讓這個家庭的成員「免於生活的恐懼」，雖然說夫妻之間凡事要先商量，可是身為一家之主的人卻必須承擔大部分的責任與重擔，這樣才不會讓你們夫妻，甚至是整個家的未來陷於五里迷霧之中。

已婚女：如果說夫妻之間要能各司其職，才能讓這個家更美滿更幸福的話，那妳是不是知道太太的職責是什麼？那就是「要讓先生在外工作時沒有後顧之憂」，這一點妳是否做到了呢？提醒妳，雖然女人必須要柔順，但也不是什麼事都那麼隨便，還是要有所堅持，這樣才能扮演好各司其職的角色。

未婚男：潮流這回事不見得適合每一個人，找一個終身伴侶是要跟你在一起一輩子的，不是大家都說好就好了，難道你都沒有自己的意見，都沒有自己的要求，別把這些意見與要求藏在心裡，我不想你將來後悔才這麼告訴你，因為是你要跟她生活一輩子，所以請你想清楚自己要的是什麼。

未婚女：我最怕聽到大家都說「他是一個好人」，如果這樣的人是妳的交往對象，而妳也因為大家的認同才決定交往，而不在乎跟他未來的相處問題的話，是很不智的。跟妳說，愛情是自私的，適合大眾的這種人，未必就會適合你個人，想清楚再做決定，應該會對妳的未來比較好。

工作事業

你是不是經常不顧他人的意見就妄下決定？可能你不在意人際關係，覺得事情做好比較重要，但我想給你一個良心的建議：把事情做好雖然重要，良好的人際關係也並非完全不用注重。建議你能多參考或聽聽別人的意見，凡事不要擅作主張、一意孤行。逆勢操作的下場只會換來失敗的後果。遇到問題的時候，最好能先與人商量，尋求最適當的方式與解決之道，這樣對你比較有利。

財運

基本上，你在錢財上應該是不用有太多的煩惱，可是因為目前的運勢不佳，沒有什麼其他增加財富的機會，所以要告訴你在錢財的運用上，最好採取保守的態度。基於運勢的原因，在這裡建議你，如果有什麼投資的機會，也是先要看清楚，然後多方面觀察，不要冒然行動，不然很容易造成「前手接錢後手空」的現象，這樣只是做了名副其實的過路財神而已。

考試

考試這回事要講究實力，也要講究運氣，另外一個重點，需要講究經驗，所以如果可以的話，多多尋求前輩們的經驗，或者多參考師長的建議及指導，這樣才可能會有較好的成績出現，千萬不可以一意孤行、自做主張，自滿及自負也是會讓你名落孫山的。

健康

你是否感覺胸腔鬱悶？問題的起源可能來自於飲食的習慣不好，容易在胃腸的消化系統上造成屯積，也會產生脹氣，因而影響了胸腔及呼吸道的運作，建議你調整飲食習慣，還要多多運動才行哦！

訴訟

你們雙方都很堅持己見，也都覺得一定可以爭取到勝訴的機會。即使你真的很有把握，也並不代表你有條件可以用強硬的態度去面對這宗官司，因為你太過強勢的態度，可能會造成別人把同情弱勢的眼光落在對方身上，這樣就會對你不利。建議你最好還是和氣生財，尋求雙贏的和解之道最佳。

兌宮八卦

1 兌為澤

兌者喜悅也，皆為一陰居於二陽之上，受到尊重自然喜悅，又池澤滋養萬物，萬物仍以喜悅之心受其滋潤，故雙方皆以喜悅之心面對也。

運勢

你最近應該會有「人逢喜事精神爽」的感覺，遇到問題也可以順利完成，但在事事如意的背後，要先提醒你，雖然目前的運勢順利，尚無狀況發生，但要提防「喜中帶憂」。建議你即使得意也不要太高興，忘了應該要守的禮節，一時興奮過了頭而樂極生悲。千萬不要因為好運當頭，就沉迷於喜樂之中，忽略了該守的本分。

感情婚姻

已婚男：你們夫妻倆的個性都很獨立，表面上的相處還算良好，在外人的眼中應該是一對模範夫妻，可是，你們倆在檯面下的相處，有時會出現對立，其中的原因可能是你們各自獨立慣了，缺乏正常的溝通，導致你們在感情上會有疏離的情況。

已婚女：維持表面的和諧，對於夫妻的相處之道來說，並非長久之計。逃避問題的結果只是會使問題擴大而已。你們之間的問題是在生活習慣上漸漸造成的，並不是突然發生的，過去看似美好的表面之下，其實早已隱藏著危機。想想看你們現在的生活是不是有點各自為政，如果是，就請妳趕快面對這個現實的問題，這樣才能讓你們夫妻之間的危機化為轉機。

未婚男：你抽到的這張牌，有沖散的意味，所以你現在還交不到女朋友，算是正常的，不必太過在意。如果你現在已經有女朋友了，你們的問題在於，雖然你們看起來像是美好的一對（或許正處於熱戀的階段），但當下的美好未必能夠永遠，將來的日子才是你該考慮的重點。（這些話雖然不中聽，也請你務必好好想想）

未婚女：近來妳在愛情方面應該會有喜悅的感覺，尤其對女人來說，更容易得到別人的欣賞，如果妳尚未有男友，最近他應該會出現，但是妳也不用開心得太早，因為交往後，有很大的機率會因為熱戀而忽略了該要面對的現實問題，進而造成隱憂的存在。建議妳在熱情之餘，留幾分清醒去思考未來，才不會造成遺憾與後悔。

工作事業

目前你的工作狀況應該可以稱得上是如意順暢。就算遇到問題，也可以迎刃而解，算是運勢不錯的階段。最近，你可能有機會碰到別人對你提出挖角的提議，也可能是你自己想要轉換跑道，對於現在運勢還不錯的你而言，都是可行的。假設你有想要創業的話，獨資是最好的方式，但如果你是合夥的型態，就必須要多注意合夥人的動向，以免被人扯後腿。

財運

你的財運不錯，有財福俱備的現象。在錢財運用方面，也屬於可以應用得當的狀況。唯一要提醒你的一點是，你的居住地好像有點問題，容易產生漏財的情形，因而你會有守不住錢財的感覺，如果可以的話，最好能再搭配陽宅風水的重新堪定或者格局重新佈置，相信將會更有助益。

考試

最近你的心情不錯，運勢也不錯，相對的，在應考的時候，也可以帶來比較好的成績，只要你能保持精神愉快，心情喜悅，自然會有理想的結果。這時最怕心情緊張煩躁，如果你抱著沉重的壓力去考試，會使自己的實力大打折扣哦。

健康

俗話說「禍從口出，病從口入」，目前在健康方面，你的問題可能會來自於飲食不當，進而在胃腸及泌尿系統上發生症狀，或許也會在呼吸道上造成感染。還好這只是初期症狀，應該可以很快治好，不過你也別以為不嚴重就掉以輕心哦！

訴訟

先小小恭喜你一下，你現在的運勢不差，有利於你的條件也比較多，所以你可以稍稍鬆一口氣。在此同時，要先提醒你一件事，雖然你現在的勝算比較大，但也可能只是一時得利而已。如果在短期內能夠判決最好，萬一還得拖上一段時間的話，最好能先主動與對方提出和解，以免得罪小人為自己的未來種下禍端。

2 澤水困

困者危難也，池澤之水在上而向坎下溢流不止，其意有陷入危難而孤獨無援之象。

運勢

低一點、再低一點——不是要你蹲下來，是叫你「低調」一點。你現在的運勢開始要走下坡，漸漸地你會發現，做任何事都不能如意，你的想法或行動都會被人否定或阻撓。你目前抽到的這支卦有著「危難重重、壯志未酬、有志難伸」的意思，現在的你如果有什麼新想法或行動的話，先暫且擱置，否則不但是徒勞無功，還可能打擊你的自信，建議你利用這段時間充實自己，增加自我成長的空間。

感情婚姻

已婚男：很鬱卒吧！你是不是在想：「明明就不是我的錯，為什麼要我承擔一切責任？」偏偏對方又是你的枕邊人，真是有苦難言啊！假如你現在覺得自己還挺委屈的話，千萬別把你的不開心放在心裡，悶久了，你們之間的問題不但不會解決，也很容易造成兩人之間的鴻溝。兩個人坐下來好好談談，看能不能談出一個未來共同的理想目標，溝通一下才是良策哦。

已婚女：現在的妳應該很苦惱吧！原本應該是先生要給妳一個擁有安全感的環境的，沒想到他個性不夠成熟，又缺乏處理事情的能力，自己好像是嫁給了一個未經世事、又無法承擔責任的小孩子，這樣的情況使妳覺得自己扛得很辛苦，但又無法擺脫掉，整個人都像是困在泥沼深淵裡頭。建議妳適時讓他承擔一些責任，慢慢建立他對事情負責任的態度，否則妳內心的不平衡會愈積愈深的。

未婚男：「窈窕淑女，君子好逑」，萬一又很幸運的，這個女孩也很符合你的口味，那可真是讓人夢寐以求的一段戀情是吧?!先別開心，你不覺得這樣美滿的戀情，會讓人幸福得想沉醉其中，再也不願意醒過來，可是這種沉醉方式卻可能會讓你昏了頭，更可能會讓你迷失了本性，讓你陷入不可自拔的局面嗎？醒醒吧！毒藥通常都會裹著一層美麗的糖衣。

未婚女：通常我會告訴所有的女人同樣的一句話，這句話是：「如果妳喜歡聽甜言蜜語的那一套，那就註定妳可能已經面對，或者即將要面對你悲苦的一生。」我會這麼說是根據我的人生經驗，會說甜言蜜語的男人，大部分沒辦法讓這些話實現，因為言行合一的人，在這個地球上已經快要絕種了，所以本著良心提醒你，別讓愛情困住了自己，更別讓妳的人生毀在愛情裡。

工作事業

你現在的運勢不是很好，目前的工作不太順利，不管做任何事情，過程當中都有太多的困擾，再加上各方條件都無法配合工作上的需求，所以事事都無法順利完成，更別說稱心如意了。不但如此，又有其他的誘因或阻礙使你無法發揮所長，以目前的情勢來說，你還是採取保守一點的行事作風比較好，凡事低調不要有太多意見或想法。這樣或許可以保你平安度過這一段運勢低潮期。

財運

過去，經濟方面應該不會使你產生困擾，會變成現在這樣的困境，關鍵在於你花了太多的金錢在享樂上。適當的消費或玩樂並沒有什麼不好，前提必須要量力而為，如果你老是沒有辦法拒絕這種邀約或誘惑，再多錢都不夠你花費。提醒你，凡事要有節制，先衡量自己的能力，否則你的困境將會越陷越深。

考試

「一分耕耘一分收穫」這句話形容考試這回事真是非常貼切，假如你想用僥倖的心態去看待每次的考試，那這次恐怕是完全用不上運氣，因為你的考運並不佳，如果實力不夠又缺乏努力，成績可能也不會太好。假如你能將這次的考試看待成一種經驗的取得，那就不會有那麼大的失落感，但最重要的是，你也該努力用功了吧！別再單單指望運氣罩你這回事！

健康

近來你是否覺得自己的身體健康出現狀況？很可能是腎水的問題，造成虛火上揚的現象，進而出現氣虛血敗、口乾舌燥、容易盜汗等現象。如果你真的有上述的情形，先捫心自問你的欲望是不是太過度了？如果是，請在生活上多多克制，也請趕快去看醫生。

訴訟

可能是環境、運勢的影響，更可能因為誤信小人的讒言，所以這場官司對你而言相當的不利，也可能會造成錢財方面的損失。如果想要圓滿解決此事的話，建議你把姿態放低，主動向對方釋出誠意，跟對方提出和解的建議，這樣的方式對運勢不佳的你而言，是最能減少自己損失的方式。

3　澤地萃

萃者聚也，形氣交合之象，池澤之水匯入大地然後聚集成湖。就像有人才眾多的聚合，表現出大家團結一致眾志成城。

運勢

還不錯喔！頭頂的烏雲已經漸漸散去，雖然目前還沒有到達大放異彩的境界，也有日漸昌隆的現象，讓你的心情為之振奮。如果之前有什麼想法還未完成的話，可以趁此時機準備開始著手了，並建議你：想要事情能夠圓滿達成，不光是靠你自己的決心與毅力，你要能夠發揮團隊的精神，展現團結一致的胸襟，必能達到眾志成城的願望。

感情婚姻

已婚男：你是一個比較細心的男人，處理事情比較注重小細節，偏偏碰上一個大而化之、不拘小節的女人。如果就互補這個理論上來說，也算是搭配得宜、良緣一樁。基本上你們之間沒有什麼大問題，只要你把觀念扭轉一下，別想把她改造得跟你一樣就好了。建議你「歡喜做，就要甘願受」，把所有行為當作都是自然的表現，這樣就不會有什麼爭執發生了。

已婚女：妳的個性比較剛烈、行事作風也比較強硬，卻遇到一個做事較散漫、隨便的人，自然會看不慣，想要去挑剔對方，也覺得受不了對方。可是，如果妳一直在用放大鏡看他，怎麼繼續生活下去呢？所謂的天作之合就是指兩個人能夠互相協調、互相搭配，不是誰該為了誰做改變喔！

未婚男：你的桃花已經是含苞待放囉！接下來要看你怎麼進行了。老實說，就談戀愛這回事，身為男人雖要主動，但太過主動又容易給對方造成壓力，因為對方可能是一個禁不起壓力的人，這時就要講究戰術，最好的方法是能夠藉第三者來傳達，比如說長輩或是共同都熟識的親友，那就能創造出成功的機會了。

未婚女：如果妳現在還沒有交往的對象，先不必著急，因為就快要有了，而且若是親友介紹的那就更好了。假如妳已經有了交往的對象了，那你們的感情應該可以順利進展，論及婚嫁的機會很大哦。建議妳，談到結婚這種事，女孩子主動提起總是不怎麼好，如果可以透過親友去提醒他，那妳就可以等著當新娘吧！

工作事業

「滴水成河、積沙成塔」正是你的寫照。成功的人懂得把握時機，而時間或眾人所匯聚的力量也是不容忽視的。以你目前的運勢來說，你可以在工作職場上得心應手地做任何事，接受任何的挑戰，不論你是想要投資、創業或謀職跳槽，都可以有不錯的成績。提醒你，工作繁忙之餘也要注意不要操勞過度，以防自己身體健康受損，也不可以一意孤行，否則會因為太過自我造成敗局。

財運

你最近的財運不錯，真可說是好運當頭、財利不斷。各方面的投資也都可以有機會得到不錯的獲利。不過，在開心之餘，要提醒你一點，雖然財運不錯，可是必須注意「財不露白」的原則，尤其是在朋友或同事間，要千萬小心，否則有可能會替自己帶來不必要的開銷及花費。

考試

因為你這次的考運還不錯，加上你平時也有用功的關係，所以在這次的考試方面，成績可說是理想，不過千萬別因此而自滿，還是要繼續努力比較實在。另外提醒你一點，自己要有主張，不要被旁人誤導該要注意的重點，這樣你這次的考試才能萬無一失。

健康

你近來是否會覺得消化系統不太舒服呢？別緊張，你的消化問題，很可能來自於飲食過度所造成的腸胃不適，也會因為腹部屯積造成呼吸不順暢，只要能盡早就醫及節制飲食必無大礙。

訴訟

勝算很大喔，但別因為自己的立場處於優勢就因此而自滿，或置對方於絕地，俗話說：「多一個朋友好過多一個敵人」，想要在這件事情有個圓滿的結果，建議你趁現在的運勢正好的時候，主動與對方提出希望和解的要求，這樣一來，未來的路會更形寬廣。

4 澤山咸

咸者交感共鳴也。陰陽二氣相互感應，山受澤之潤，澤為山所容，陰陽相吸相互感應而涵育生機。**天地事物一經交感必有演變，是好是壞端看是否正常自然。**

運勢

目前可說是好運當頭，事事順利，遇到的問題都有完善的解決方法。假如有什麼計畫或想法，此時付諸行動，應該可以得到不錯的回應。不過要提醒你一點，在處於優勢的時候，千萬不要太過得意忘形，這不過是老天爺對你小小的試驗罷了，如果因為自己有了一點小成就，就失了自己的本分，忘了該有的言行舉止，展現出囂張跋扈的舉動，這樣很容易招來小人的嫉妒，造成不必要的麻煩。

感情婚姻

已婚男：你好像很氣她什麼事都要管！這時，我必須要替她說句話了，你有沒有想過自己像不像個一家之主？你的個性很被動，做起事來又很散漫不拘，讓她的挫折感、失落感與不安全感也愈來愈大，你想過她是多麼辛苦嗎？趕快改變自己的個性，主動扛起身為男人應該有的責任吧！這樣她也不會讓你覺得很煩，而你也可以當一個真正的一家之主。

已婚女：你們之間問題的癥結可能出於妳的個性。妳可能是一個非常隨興的人，想到什麼就做什麼，有時甚至忘了考慮他的感受。對一個枕邊人來說，長久下來，他可能會懷疑自己的存在感，一旦他對妳的忍讓已經到達頂點，產生了厭倦感及無力感時，就會愈來愈不想理妳。妳已經發現婚姻的危機了嗎？看妳能不能先嘗試著改變自己的個性與觀念囉！

未婚男：這位先生，別再等了，就算她在你家門口，你也得去開門迎接她吧，老是在等著人家主動上門可能嗎？如果你覺得還有很多的時間，你就繼續編織著美夢，慢慢等吧！如果你現在心裡已經有了理想的對象，也麻煩你幫幫自己，積極一點，不要以為自己還年輕，意氣用事是沒有用的，只要用平常心去面對問題，這樣自然可以有個美好的結局。

未婚女：女人太主動當然不太好，可是太被動的女人也很容易被自動忽略。有喜歡的對象不要只放在心裡面，而不讓他知道，這樣他就沒有機會了解妳，妳也沒有辦法知道他的想法，兩人就像是無法交集的平行線，是沒有辦法開始的。妳可以適時讓他知道妳心中的想法及見解，讓兩人的距離縮短，也可以藉此讓兩人的感情加溫。

工作事業

目前你的工作運勢還不錯，如果你想要做起事來更順利的話，可能就要藉助旁人的幫忙，可讓事情更順利進展。順帶一提，你的個性比較浮躁，待人處事方面也需要再加強，很多時候，長輩或同事的經驗也是很重要，在人家教導你的同時，你的態度也要表現出虛心受教才可以毫無阻礙。只要你能了解這一切都是自己必須謹守的本分，就不會惹來禍端，創造皆大歡喜的局面。

財運

以你目前的錢財運勢來說，真的不算好，不過，這對你尚有另外一個好處——你就沒有多餘的錢可以浪費。別傷心了，這就是人生，總是有起有落的嘛。現在唯一能做的，就是好好規畫一下你的理財方式，想想如何減省不必要的開支，這樣才是正確的方向，等待時機好轉再做下一步的打算吧。

考試

你的成績好或不好，決定在你自己的心思是否能夠專一，不是因為你用不用功或努不努力。因為你在念書的時候，很容易被其他的雜事影響，而自己又無法一心二用，這樣長久下來，不但成績不理想，其他的事也做得亂七八糟。如果你想要有更好的成績，首要的條件就是要放棄雜念、專心一意才行。

健康

這個問題不算嚴重，只要好好注意生活作息，別讓它亂了正常的步調就行了。另外再提醒一下，你本身的新陳代謝循環不佳、氣血不順，所以跟著會牽連到胃腸蠕動功能不正常，因此要建議你，生活上絕對不可以放縱無度，以免造成健康上很大的負擔。

訴訟

對方似乎已經了解目前的情勢對你較有利，占上風的是你，加上你目前的運勢不錯，所以對方應該會有想要主動提出和解的要求，如果對方有主動來要求和解的話，千萬別放過這個好機會，趕快答應這個請求，這樣可以加速事情圓滿解決。

5 水山蹇

蹇者艱難險阻之象，坎卦居於艮山之上，有如在山裡下著大雨，寸步難行、進退維谷，占得此卦更是有志難伸的最佳寫照。

運勢

現在的你，是不是已經察覺到周遭環境已經有所改變，好像從萬里晴空突然風雲變色，變成烏雲罩頂?你的運勢正在衰退，會開始有事事不順利的情況出現，凡事也不再任你發揮，舉步維艱，也很容易處於進退兩難的困境，但也不用太氣餒，現在的你可以把這段期間當作是休養生息、充實自己的階段，凡事最好能以靜制動，不要過於急躁，總有一天可以守得雲開見月明。

感情婚姻

已婚男：你很嚮往自由與無拘無束的生活，可是別忘了，你已經是一個有家室的男人，該要為自己的家庭負起責任了。你們夫妻倆的感情基礎還算良好，但你經常把太太的關心當作是愛管你，也由於你的個性問題，會把別人的好心當成驢肝肺，這可是會破壞夫妻間的感情。多往好處想，你就會發現你的婚姻還是很美滿的。

已婚女：有句話說「男怕入錯行，女怕嫁錯郎」，如果妳也是這麼想，那妳這個婚姻的危機可能大到難以形容，希望妳還不至於覺得自己嫁不對人。事實上，引起你們婚姻危機的原因不是別人，正是你們身邊的小人及三姑六婆太多了。妳的先生應該對妳很好，只是這些人的言語會將妳的思想導向負面，聽多了當然會造成你們的婚姻危機。冷靜地跟妳先生溝通吧！

未婚男：如果你還未找到良緣，可能要先從你的個性來探討一下了，想想，你在遇到問題的時候，是不是常常因為不想面對，而往往選擇逃避的方式，即使有喜歡的對象出現，你也不敢勇於表達自己的心意？這樣會使對方因為你的態度不明確，而心生反感。如果你已經有交往的對象，也會因為這種猶豫不決的個性，讓你倆之間缺乏了那最重要的一點感覺。

未婚女：到底要向右轉還是向左轉？這位小姐，妳好像特別偏好站在十字路口等人家來告訴妳該往哪邊走。很可能是妳對自己自信不足，或者妳原本的個性造成的，因為妳對於追求自己的對象，總是缺少了拒絕或應承的勇氣，常使自己陷入兩難的狀態。想要談一段美好的戀情，首先必須要有說「YES」的勇氣，別老是等著人家來告訴妳該怎麼做才對。

工作事業

目前你的工作狀況好像走在一條崎嶇的山路，沿路又沒有遮風避雨之處，感覺前途茫茫。在處理事情的過程裡，不但狀況頻頻，又不能如願達成，偏偏這時，主管對你的工作又有施壓的情形出現，真是心力交瘁啊！由於此時你的工作事業運不是很優，如果你有創業、跳槽或謀職的念頭，都先不要輕舉妄動，還是暫緩你的腳步，靜靜等待時機到來較為理想。

財運

你目前的經濟狀況應該相當拮据。捫心自問，你平常的花錢態度，是不是太過於浪費，常常做一些無謂的或者不正當的消費行為？這種理財方式當然會造成經濟上的困境。建議你還是趕快改正你的理財方式，不然口袋空空將會是經常性的現象。

考試

考試這回事，就是測驗你平常有沒有用功讀書、做好準備，即使運氣不好的人，也會因為平常的努力而有不錯的成績。偏偏你平常就不是很用功，實力也不足夠，現在的運氣又不好，在這些不利條件之下，考試成績自然不理想。如果非得應考不可的話，你就把這次的考試當作是經驗的學習吧！請記取教訓，以後要努力讀書。

健康

你的健康問題，可能是循環代謝不佳、呼吸道不順暢或是氣血受阻，更重要的是會有飲食不納，缺乏胃口，屬於胃腸消化系統跟腹部脹氣等現象——如果不幸有被我寫中的，提供你兩個辦法，一是趕快去看醫生，二是要多運動。

訴訟

有點危險哦，因為不利於你的條件比較多，官方會比較相信對方，所以這宗官司對你而言，敗訴的機會相當大，如果沒有好好處理的話，恐怕會對你造成莫大的傷害。唯一解決方法就是你要主動與對方提出和解，並釋放出你最大的誠意，或許這樣有機會可以減少你的損失及傷害。

6 地山謙

謙者退也讓也，艮山陽剛之氣而能退於坤地之下，為謙虛可人，亦能表示自己有實力而能忍讓不與人爭。占得此卦應以警惕視之，若驕狂過度必遭唾棄。

運勢

近來的運勢有漸漸邁向康莊之路的現象，但也要提醒你，做人要保持謙虛，不要因為運勢處於優勢，就目中無人，以免引來小人的嫉妒。切記：人外有人，天外有天，就算自己是個有實力的人，也要表現出謙恭有禮的態度，以退為進、以守為攻，這樣才能獲得眾人的支持與好評。假如你驕縱過度，自以為是，違反謙和之道，會容易引來唾棄，種下失敗的因素。

感情婚姻

已婚男：你可能愈來愈受不了妻子的不解風情，覺得她怎麼像個老古板一樣，不懂得表現出女性應有的溫柔、和順與體貼，其實這些事情的問題並不是太大，或許她只是為了生活的瑣事而忘了身為女性該展現的對待方式，建議你可以多與妻子做溝通，可以採用引導的方式與她協調，千萬不要嚴厲指責，否則必定會得到反效果。

已婚女：雖然男人有負起家計的責任，但是身為太太的妳，也有自己的職責所在，先評估一下自己有沒有善盡女主人的職責，別老是挑剔妳認為的他的缺點，也別老是挑剔他不懂得生活情趣，因為那可能是妳自己的要求太高，致使他無法符合妳的需求而已。所以請妳認真想一想，是不是該修正自己的行為，改變自己的心態，如果妳決定不想改變自己，長久下去，妳先生心目中的太太可能就要換人了。

未婚男：你主動出擊的成功機率會大很多，而且這個主動並非要你做強勢的表現，否則你得到的答案將會是被拒絕，這樣不是會很難過嗎？所以在主動的過程當中要特別注意，最好能「動之以情，待之以禮」，如果可以的話在表達的時候帶點含蓄與害羞，那就是最完美的表現，最後提醒你千萬不能急。

未婚女：雖然有人說「專制蠻橫是女人的權利，不講道理是女人的專利」，但也要拿捏好尺度及分寸，否則只會弄巧成拙，破壞了妳原來的美意。不管妳是要刺激對方來追求妳，或者是即將要談論婚嫁，提供妳一個可以讓男人對你俯首稱臣的方法，那就是溫柔的撒嬌，因為大部分的男人都喜歡當英雄，所以只要方法用得好，那就可以無往不利了。

工作事業

目前的運勢並不理想，凡事必須採取戒急用忍的態度，三思而後行。就算事情已經迫在眉梢，也要用「以退為進」、「以守為攻」的方式進行，這樣才能成事。如果你現在是有想要謀職或跳槽的想法，千萬不可以倉促下決定，更不可以賭氣、任性，那會使你做出錯誤的判斷，這時最好還是要靜觀其變，否則可能在決定後就後悔了。

財運

雖然你很努力想要增加錢財的收入，可是因為你現在的運勢並不理想，所以就算拚了命賺錢，總是覺得無法達到心目中的理想目標。但是你也不用因此而灰心，只要你能繼續朝著心目中的目標去努力，凡事量入為出，以守財為出發點，這樣就算不能發大財，也不會因為經濟問題讓你陷入困境，或許還可以為自己儲備一點小積蓄。

考試

勸你還是趕快拿起書本惡補一下吧，沒有實力的人根本沒有資格談運氣這回事的，平時不努力的後果，就是等著看到成績單上的低分了！你這次的考試成績真的不太理想，如果距離考試還有三個月以上的時間，趕緊努力或許還有機會；如果時間不夠長，也可以為了下一次做準備，所以趕緊努力用功吧，穩紮穩打還是最重要的。

健康

這個問題對你來說並無大礙，所以看到這裡你應該可以放寬心了，只不過還是要提醒你一下，抽到這支卦的人多半會有鬱悶的心情，或是想要做情緒上的發洩，因而引起血液循環不正常現象，只要控制好自己的情緒，平時多做好身體的保養應該就沒問題了。

訴訟

這個官司對你來說，獲得勝訴的機率應該滿大的，可是如果你是個聰明人，應該知道不能因此而自滿，凡事還是要以和為貴才是重點。務必謹記「得饒人處且饒人」這個原則，多一個敵人不如多一個朋友，如果能夠與對方盡速和解的話，這是最圓滿的解決方式。不要樹立敵人，以免種下日後的禍根。

7 雷山小過

小過者亦為過度，上卦震動雷鳴下卦為靜止，雷動於艮山之上意味著行事必以小心謹慎或以退為進的方式，過於躁進反而容易犯錯。

運勢

近來，你是否為了急著想要展現自己的能力，而出現了過度追逐名利的現象？假如是，那麼形勢將會對你不利。由於你的個性比較自我，別人的建議你應該也聽不進去，這樣長久下來，很容易就會有過度或過分的行為出現。想要改善自己的運勢，最好要謙虛請益，參考別人對你的批評與建議，做適當的修正，凡事不可操之過急，否則運勢的衰退速度將會快得讓你難以想像。

感情婚姻

已婚男：夾心餅乾真的很不好當，而且不管你站在什麼立場，替誰說話，都不能將事情平息掉，反而把自己弄得好像裡外不是人。假如你想讓這個家更圓滿和樂，對於太太與長輩之間的事，建議你不要插手，就算你要幫任何一方也得要偷偷來。你算是個孝順的人，但如果真的是這兩方的問題，你無法做有效的溝通，別再想做和事佬，把自己的立場保持中立，讓他們自己去找出解決之道吧！

已婚女：一個完美的先生，應該是每個女人都想要的，只是，妳為了想要讓他變成妳理想中的丈夫，完全沒有想過他的感受，這種強勢的處事作風，很容易給對方造成一股無形的壓力。如果妳可以先和他溝通一下，聊聊彼此的想法，設定兩人共同的目標，這樣才可以有繼續下去的動力與方向。

未婚男：看來你現在還沒交到女朋友，如果不幸被我猜中，用你現在這樣的身分要來問感情這個問題，答案你應該不會滿意。不知道是你的個性問題，或者是命運之神老是喜歡作弄你，你看上的對象或者你欣賞的人，好像都是別人的女朋友或者是別人的老婆。很嘔嗎？坦白告訴你，你真正的問題在於心態及觀念喔！

未婚女：你們雙方最近的關係有點緊繃哦，兩個人在相處上好像同時都有一種備感壓力的感覺，妳對他的期待可能有點過高了，對他來說，這是一個滿大的壓力感，另一個壓力的原因，可能是這一段剛開始的感情，雙方的進展速度過快，兩個人的相處根基還不夠穩固，對彼此的了解還不是很深入，這樣很容易導致雙方會產生適應不良的現象。

工作事業

最近你可能感覺到，工作上面常常容易產生阻力，或是下決定時會有猶豫不決的狀況。不用太擔心，運勢有高必有低，現在的你雖然是在運勢低潮的階段，可是逆向思考一下，這不正是可以培養胸襟及智慧的好時機嗎？凡事不必過度強求，將一切的狀況視為理所當然，趁這段時間好好計畫未來的目標，增加自己的實力，為未來做準備，這樣才能避免傷害。

財運

最近如果有什麼想要花錢的念頭，希望你還是趕緊踩煞車，或是暫時停止這種想法。因為你現在的財運並不好，所以對於求財的這個目標，近來可能都無法如願。建議你在錢財的花用上，還是守成比較實際一點，做好正確的理財規畫，不要讓自己一時克制不住，又做了無謂的花費，造成更多損耗錢財的現象。

考試

你覺得自己實力不夠，所以在應試的時候，常常對自己想寫的答案並沒有很大的把握，產生猶豫不決、考慮太多的現象，這樣的成績一定不理想，如果還有時間的話，還是趕緊用功比較實在。另外再給你一個建議，想辦法提高自信的程度，這對你的成績絕對會有幫助。

健康

情緒問題應該是影響你身體健康的最大原因，會有傷風咳嗽，咽乾口燥，末梢神經血氣運行不順，容易心悸。提醒你別亂服成藥，如果有上述的這些症狀，還是趕快去看醫生比較妥當。

訴訟

老實說，你能勝訴的機率並不大，因為你現在正處於多事之秋（或好管閒事），加上你現在的運勢不好，如果想要趕快有個圓滿的結果，你就要委屈一點，以退為進，展現你的誠意，主動跟對方採取和解的提議，以免多生事端。順便再提醒你一下，遇到任何事情，請你低調一點，因為最近的情勢，不是你找事情麻煩，就會是事情找你麻煩。

8 雷澤歸妹

歸妹者注意進退之象，兌為少女，震為長男，兩者相隨各有所圖，兌為喜悅，震有衝動之意，亦表示為問題之發生，在開始時就有偏差之處了。

運勢

表面上來看，運勢似乎還算不錯，實際上卻是暗潮洶湧。危機已經潛伏在你的身邊，而且正在醞釀當中，它會讓你跟你的理想背道而馳，使你謀望難遂，更會讓你的表現難有預期的順利。危機的原因在哪裡？答案是：你與周遭的人物與環境的互動，因為會有相互較勁的意味，造成在互動的關係上，有違反常規的心思與舉動，所以，在做任何決定前，請三思而後行。

感情婚姻

已婚男：表面上看來似乎是一樁美滿的姻緣，背後卻很複雜。先不管你們當初結合的原因是什麼，但是我能夠告訴你的是，當初你要結婚的出發點就已經有偏差了，造成現在一連串潛伏性問題的存在，也就理所當然了。如果你還想讓這段婚姻走回常軌，不妨試著兩個人開誠佈公談一談，或許尚能找回原來的幸福。

已婚女：這是一支老夫少妻的卦，也不一定是在年齡上的差距，也有可能是在心智成熟度的差距，另外一種可能性是在身分背景上的差距。不管是那一種的差距，最重要的是當初結婚時妳的用心為何？這才是妳應該要去探究的，一直以來你們的相處都好像是各懷心思，根本沒有把用心放在婚姻的經營上，這應該是你們之間最大的問題。

未婚男：「壓力之下的關係不會長久，違反常態的強求也是得不到幸福的」，請你牢牢記住這兩句話，因為這兩句話在人生的道路上，尤其是感情路上，可以讓你免去很多不必要的麻煩。所以要談戀愛、找一位人生伴侶，請拿出你的真心來，唯有真心地對待，不求利益與回報的付出，才能找到真幸福，千萬別把愛情當成是一場交易來看。

未婚女：窈窕淑女應該是所有男人目光的焦點，如果妳打算利用這個優勢去擄獲男人的心，我勸妳不要仗恃自己某部分的天資——尤其是在美麗的外表上作文章更是不可。即使妳現在這麼做可以得到幸福，那也不過是短暫的幸福而已，有一天當妳年華老去的時候，這種幸福也會隨之而去。所以感情路和人生路是一樣的，都是需要用妳的真心去經營的。

工作事業

大家都覺得你這份工作看起來很好，只有你自己的內心才清楚，這只是表面風光，不但做得很不順利，還讓你勞心又勞力，有點快撐不下去了！請再等等，依照目前的時機來看，現在的你不論是要投資、自行創業或準備跳槽、另謀他職都是不適合的，原因在於你面對工作時的心態不正確，最好還是要暫停腳步，深思熟慮之後再做打算。

財運

你目前的財運並不是那麼理想，都已經快要被錢財欺負了，那就更不適合做其他的投資。雖然你很想要增加財富的累積，但總是會出現心有餘而力不足的感覺，與你實際上的需求差距很大，所以在這時候還是除了必要的支出外，別做其他的消費，盡量節省開支會對你比較好。

考試

這次的考試成績可能不會令你太滿意，理由是你對學識的認知太過自以為是，老是認為你所想的方向是正確的，所以在面對考試的時候，你可能會忽略掉試題是可以轉彎的，依然在你的認知範圍裡面打轉，萬一轉不出來，成績當然不會理想，也當然不會令你滿意，還會讓你有受騙的感覺。

健康

表面上看起來健康狀況還算不錯，但是要提醒你注意一些現象，如果你最近會有精神不濟、體力耗弱的徵兆，那很可能是氣血衰敗所引起的，另外要注意腸胃消化系統及循環代謝跟心血管的毛病，有狀況還是要去看醫生比較好，只有醫生才能提供你最正確的指示。

訴訟

如果你們雙方都各執一詞、互不相讓的話，想要解決這件事，可能還得拖上很長的一段時間，而且以這宗官司來說，拖久了對你不見得真的有利可圖，倒不如打消這個念頭，主動與對方提出和解，這樣才能創造皆大歡喜的場面，你自己也可以落得輕鬆自在。